北京城市形象传播

新 媒 体 环 境 下 的 路 径 选 择 研 究

BEIJING CITY IMAGE COMMUNICATION:
PATH SELECTION
IN NEW MEDIA ENVIRONMENT

谭宇菲　著

社会科学文献出版社
SOCIAL SCIENCES ACADEMIC PRESS (CHINA)

　　本研究为北京市社会科学基金项目资助课题"新媒体环境下北京城市形象传播的路径选择研究"最终研究成果（项目编号：15ZHC026）

目　录

一 "城市形象传播"的新媒体语境

(一) 新媒体时代与城市形象传播

1. "新媒体时代"

（1）快速发展的新媒体。

自 1997 年新媒体出现在世人眼前，20 余年来，随着互联网的飞速发展、移动终端的演替、信息技术的提升，新媒体的形式及内容也更加多样。从 web1.0 时代到 web2.0 时代，还有即将全面来临的 web3.0 时代，新媒体用户流量也从门户网站、博客、搜索引擎向社交媒体、网络视听媒体转移。而随着 web3.0 时代的迫近，各种媒体向相互融合的方向发展，将实现对用户更精准个性化的推荐，信息内容将更加有效地传递给目标受众。新媒体对于社会发展的影响不容小觑。

根据 2018 年 1 月 31 日中国互联网络信息中心（CNNIC）发布的第 41 次《中国互联网络发展状况统计报告》（以下简称《报告》），截至 2017 年 12 月，我国网民规模达 7.72 亿人，普及率达到 55.8%，网民平均每周上网时长增加为 27 个小时（见图 1-1），网络成为占据公众时间最长也是公众最主要的信息来源。

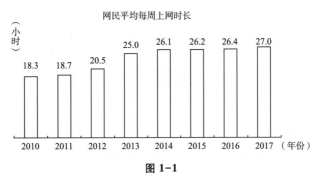

网民平均每周上网时长

（小时）

18.3　18.7　20.5　25.0　26.1　26.2　26.4　27.0

2010　2011　2012　2013　2014　2015　2016　2017　（年份）

图 1-1

资料来源：CNNIC 发布的第 41 次《中国互联网络发展状况统计报告》，2018 年 1 月 31 日。

即时通信、搜索引擎、网络新闻和社交网络作为基础应用，用户规模保持平稳增长。即时通信行业规范程度进一步提升，各种即时通信产品自身定位的差异化得到进一步体现，对于各类生活服务的联结能力仍在持续拓展；搜索引擎继续保持稳步移动化的趋势，人工智能继续为搜索市场注入增长动力，为搜索引擎企业的平台化多元创新发展贮存宝贵的用户数据；网络新闻领域相关法律法规建设进一步健全，传统新闻媒体加速互联网改造，媒体融合进入全新发展阶段；各类社交平台功能日趋完善，社交网络正在发展为"联结一切"的生态平台，社交媒体传播影响力显著提升。网络娱乐应用中网络直播用户规模年增长率达到 22.6%，以网络游戏和网络视频为代表的网络娱乐行业营收进一步提升。①

（2）新媒体对社会化传播的影响。

其一，新媒体对传统媒体社会化传播的影响。

新媒体的多样性弥补了传统媒体局限于文字与图片的传播方式。如报纸媒体可以依托于新媒体发布短视频、问卷调查、社会信息；电视媒体则可依托新媒体了解受众反馈，从而更好地完成节目，提高收视率。新媒体也使传统媒体改变原本在受众心中刻板、教条的印象，将语言生动化、内容趣味化，使其形象更为活泼，吸引更多的受众互动、交流。

传统媒体也逐渐开始向新媒体转移。自 2010 年微博呈爆发式增长后，纸媒官博开始顺应这个趋势向新的传播渠道进军。截至 2012 年 5 月，共有 2189 家纸媒在新浪微博开通官方微博，其中杂志 1517 家，报纸 672 家。截至 2017 年 3 月，《人民日报》已有 5095 万粉丝、《南方都市报》有 1191 万粉丝、《新周刊》有 1525 万粉丝。当社会唱衰纸媒时，传统媒体却依靠其公信力在新媒体混杂纷乱的信息流中，吸引大量受众的关注。

其二，新媒体对舆情管理的影响。

与传统媒体不同，新媒体的出现，打破了大众传播时代社会文化精英和主流媒体为传播主体的传统。任何人都可以成为传播的主体，都拥有话语权。受众在新媒体时代，不仅可以接收到政府及主流媒体想传达的信息，也可以了解到来自其他群众的"草根"信息，使信息更加多元、细致、全面。因此新媒体内容更加多样化，其所覆盖的人类生活广度之大、内容之深以及传播形式

---

① 资料来源：第 41 次《中国互联网络发展状况统计报告》。

之多样都是前所未有的。话语权的"去中心化"，也使传播内容的不可控性提升，舆论的生成模式与引导模式产生了巨大变化，大众媒体社会可能会导致控制失调。舆论热点的生成模式也变为从个人媒体爆料—社会公众关注—媒体微博关注—挖掘报道。

由于新媒体全时、全域、全民传播的特性，使社会中大量信息成裂变式传播，虽增大了信息传播的效率及影响力，却也增大了舆论控制与管理的难度。

其三，新媒体对政府与公众沟通的影响。

新媒体也为政府与公众提供了一个进行沟通的平台。政府可以借助新媒体平台更好地了解民意，疏导和化解公众情绪；公众也可借助新媒体平台反映问题，提出意见。新媒体平台改变了政府与普通民众信息不对称的局面，使沟通更为平等、高效。

2017 年，六成网民使用线上政务服务，政务新媒体助力政务服务智能化。我国政务服务线上化速度明显加快，网民线上办事使用率显著提升，大数据、人工智能技术与政务服务不断融合，服务走向智能化、精准化和科学化。微信城市服务、政务微信公众号、政务微博及政务头条号等政务新媒体及服务平台不断扩大服务范围，上线并完善包括交通违法、气象、人社、生活缴费等在内的多类生活服务，并向县域下沉。① 截至 2017 年 12 月，我国在线政务服务用户规模达到 4.85 亿，占总体网民的 62.9%。其中，通过支付宝或微信城市服务平台获得政务服务的使用率为 44.0%，为网民使用最多的在线政务服务方式，较 2016 年底增长 26.8 个百分点；其次为政府微信公众号，使用

① 资料来源：第 41 次《中国互联网络发展状况统计报告》。

率为23.1%;政府网站、政府微博及政府手机端应用的使用率分别为18.6%、11.4%及9.0%。

(3)新媒体对城市形象传播的影响。

习近平总书记2016年2月19日在党的新闻舆论工作座谈会上强调,要适应分众化、差异化传播趋势,加快构建舆论引导新格局,要推动融合发展,主要借助新媒体传播优势。因此,近年来,党政机关都加强了在新媒体平台信息传播的工作。据第39次《中国互联网络发展状况统计报告》显示,截至2016年12月,我国在线政务服务用户规模达到2.39亿,占总体网民的32.7%。全国共有.gov.cn.域名53546个,政务微博、政务头条号34083个。目前,互联网政务平台已成为政府机构发布权威信息、回应公众关切的重要平台。

据调查研究,许多城市已开始关注新媒体在社会中的影响力。由官方建立微信、微博官方平台,与居民或游客互动,拉近政府与民众的距离,并提升城市形象。如武汉、南京、上海等城市已全方位使用新媒体,发布生活信息及宣传城市风貌。截至2016年12月,中国大陆共有31个省、自治区、直辖市开通政务微博。其中,广东省共开通12707个政务微博,居全国首位;河南省拥有政府机构微博9630个,为全国最多;北京市拥有全国最多的公职人员微博,已认证微博共有4169个。

新媒体的"去中心化",使大众的评价对城市形象的传播有很大影响。如依托新媒体旅游门户网站及微博微信自媒体的传播,大众的"口口相传",使婺源"中国最美乡村""最美油菜花之地"的称号家喻户晓,增加了婺源县的曝光度,使婺源成为无数旅游爱好者向往的胜地。而反观丽江,近几年连续曝光的丽江旅游乱象，如黑导游事件及 2017 年 1 月的丽江女子毁容事件，使公众对于赴丽江旅游的安全性、舒适性质疑持续发酵，导致中外游客对丽江旅游产业产生不信任感，从而拉低了丽江整个城市的形象。青岛"天价大虾""天价海鲜"事件的报道也始于新媒体，并不断发酵，使青岛旅游形象受挫。由此可见新媒体舆论对于传播城市正面或负面形象的重要性。

数量和类别上不断推陈出新的新媒体，以及在新媒体影响下调整、转型的传统媒体，在相互的博弈与融合中构筑起不同以往的且仍在不断变化发展的媒介生态，改变了传播实践活动的各个环节，颠覆了以往的信息传播方式，改变了人们生活方式乃至社会结构，影响了传播研究的研究对象、理论框架、研究方法等方方面面。"城市形象传播"作为传播活动与传播研究的组成部分，同样需要被放置于"新媒体时代"的语境中进行理论探讨和实践考量，并在此基础上进行新的思考和谋划。

2. 扩散模式与传播路径选择——"新媒体时代"城市形象传播研究有待解决的基本问题

从城市形象传播的全过程来看，这就是一场复杂的营销过程。菲利普·科特勒将其定义为"地方营销"，提出"在这个全球化的、充满竞争的市场中，无论已建立的还是正在崛起的城市，如果想要为人所知或与众不同，如何尽力在目标受众心目中让某座城市得以光彩照人并增加其影响范围和吸引力"的问题，并以营销的思路贯穿其中加以阐述。若以这样的角度加以分析，传播主题的选择、传播创意的形式和表达类似于营销策划和创意表现，而传播时机、传播媒介的选择同样在传播过程中起着至关重要的作用。

　　和营销活动相类似，城市形象传播必须选定特殊的目标对象，并根据目标对象的特点和需求确定传播主题，进而完成传播策略、创意表现、媒介策略等一系列营销流程。其中，在相同条件下正确的传播主题、传播策略、创意表现，会因为媒介策略的差异性形成截然不同的传播效果，大致来说，可以出现以下三种情况。

　　第一种情况，恰当的媒介选择能帮助建立起与传播预期相符的城市形象。

　　第二种情况，若媒介选择不当，即使传播主题、传播策略、创意表现均使用得当，也无法建立起与目标对象之间的信息关联，表现为城市形象未能得到传播。

　　第三种情况，若媒介选择不当，没有建立起与目标对象之间的信息关联，与此同时，目标对象从其他信息来源接触到了有关该城市形象的相关信息，受到其他信息来源的态度、立场、评价和情感的影响，对城市形象的感知有可能与预期的传播效果相去甚远，而这类负面影响一旦形成传播规模和"刻板印象"①，对积极正面地建构城市形象将会造成极大的阻碍。

　　从城市形象的传播实践来看，近年来，我国城市形象传播

----

① 李普曼提出"刻板印象"（stereotype）的概念，强调了人们对特定事物简单化的固定观念、认知可能产生的消极影响，认为"刻板印象"阻碍了人们对于一个事物进行客观的评价，也左右着人们对于事物的好恶情感。进而，李普曼还提出了拟态环境（pseudo-environment）的概念，指出了拟态环境与现实环境之间存在的偏差，强调了大众传播媒介对现实环境有"选择性"的加工、传播，建构出一个"拟态"的现实，并通过其强大的影响力，建构受众意识中"关于外部世界的图像"，而一旦人们将这种"关于外部世界的图像"当作现实来做出行为反应，则可能作为"自我实现的预言"被验证，媒介构建的虚拟的现实就可能变为"客观现实"。

备受关注，许多城市都制作了城市形象宣传片并将其通过特定的媒介加以传播。从传播路径选择的实践来看，自 2011 年中国国家广告形象宣传片在纽约时代广场播出之后，2011 年 7 月新华社的广告牌，2011 年 8 月以"典型中国，熊猫故乡"为主题的成都市城市形象宣传片，以及桂林、张家界、井冈山、青岛、丽江等旅游胜地和北京、上海、江苏、福建等 30 多个省市的形象片，2011 年 9 月有着"天下第一村"称号的江苏省华西村形象宣传片，2012 年 3 月三星堆金面人头像、青铜神树、纵目面具、大立人像等一批三星堆文化代表器物宣传片，2012 年 4 月格力形象宣传片，2013 年 3 月武当山形象宣传片，2013 年 9 月中国人民大学形象宣传片纷纷登上了美国纽约时代广场。时至 2016 年 10 月，由上海市人民政府新闻办公室、上海市金融服务办公室、美国汤森路透集团主办，第一财经、上海 WTO 事务咨询中心、美国中文电视协办的"上海金融创新论坛"在位于纽约时代广场的汤森路透大厦隆重举行。作为系列性的"魅力上海"城市形象推广活动，论坛期间，上海市政府新闻办利用纽约时代广场大屏进行了上海城市形象片、上海城市风貌图片等户外宣传推广。上海市政府新闻办、上海市旅游局与纽约市旅游局合作，在纽约 164 个公交车站张贴了上海城市形象的广告。2016 年 10 月 13 日下午，"上海纪录片展播周"启动仪式在美国中文电视举行。在此后的一周内，通过美国中文电视的中英文频道分别播出反映上海城市文化特色的电视剧和电视纪录片，传播上海魅力。

通过上述收集整理的城市形象传播实践案例来看，对于每一个城市而言，传播的目的从根本上都是一致的，都希望通过城市形象传播提升或加强本城市在全国乃至世界范围内的竞争力，占据一定的竞争优势，进而为城市的基础建设和经济发展、为本地生活质量的提升等提供更有利、更强大的动力。

从观念上来讲，无论是积极主动的传播行为还是被动的竞争压力驱使的传播行为，无论传播的具体目的是吸引投资、推介旅游、建立城市标识和价值，还是提升本地居民的认同感、归属感和认同指数，不可否认的是，大多数的城市和地区都已经或开始建立起积极的城市形象传播观念，这自然是城市发展过程中人们观念提升的表现。与此同时，进入新媒体时代后，为工业和传统媒体时代设计的旧有的城市传播理论、模型和标准显然已经在信息时代失去了解释、指导和实践的功效，如果城市形象传播并未建立起与当下环境相匹配的认知观念，如果仍固守传统的传播观念，并以文本生产和传播路径为标准进行城市形象传播，那么对于这个城市而言，或多或少都会使得传播落入相对艰难的境地。信息时代中，旧有的观念就像是旧有的路线图和指南针，不可能引导城市形象传播进入符合新时代特征的轨道，所有地方的形象传播都必然会受到全球新的传播力量的深刻影响，因而，对新时代的考察、调整和适应才是理应选择的方向。与此同时，城市形象传播的路径选择与城市形象传播的定位、策略、创意、表现一样，都应根据本地区城市形象传播的需求和特征，选择更具有传播效力的媒介、媒介组合或跨媒体沟通方案，才可能实现本地区形象的提升与强化；只是对某些单一媒体类型或是某些单一媒体机构的盲目追捧，在造成资源浪费的同时，还可能无法实现传播的预期目标。

上述城市形象传播的实践数据能够体现出我国城市形象传

播的媒介选择现状具有如下特征。

第一，传统媒体占据主要地位。如前所述，受到旧有的城市形象传播理论、模型和标准的影响，目前来看，大型的户外媒体、电视、报纸、杂志等传统大众媒体仍是进行城市形象传播时重点选择的媒介类型，诸如美国纽约时代广场户外广告牌这样的"明星媒体"备受追捧。即使是使用新媒体，传统观念的影响也仍然具有强有力的引导作用，网络视频——因其在传播文本、制作和传播等各个环节与电视相类似，成为当下城市形象传播实践中使用较多的新媒体类型，这一点从文献检索的结果中也可验证，有关"微电影"的论述是在城市形象传播研究成果中所占比重较大的一类。

第二，自上而下宣传式的媒体选择较多，互动式、社交性媒体的运用较为欠缺。正因为传统大众媒体以及"微电影"等网络视频类的城市形象传播占据较大比重，而这些媒介的特征更适用于自上而下的宣传式传播，因而从城市形象传播整体来看，自上而下宣传式的媒体选择较多，互动式、社交性媒体的运用较为欠缺。事实上，以当下的社会需求来设定城市形象传播中媒介选择和使用效果评估标准，应该看其是否搭建起了和目标受众之间"对话"的平台，"对话"的产生及顺畅进行才是实现下一目标的基础，而传统媒体的传播往往着眼于"传播"本身，而非"对话"，互动式、社交类媒体的优势恰恰在于"对话"，可见，媒介选择的偏颇，将会影响实际传播效果的达成。

第三，媒介选择较为单一，单一媒体独挑重任，媒体组合与跨媒体传播相对薄弱。即使是一次的产品营销活动，营销传播的媒介也不应是单一的，媒介自身的特征使其必然地存在局限和不足，因此，媒介组合、跨媒体传播是消除单一媒介局限和偏颇的重要途径。对于城市形象传播而言，传播主体、传播对象、传播主题、传播文本等都呈现出层次多样、类型多样、形式多样的特征，如此纷繁复杂的传播因素，不可能由单一媒体来承担，单一媒体也不可能承载并完成所有的目标。因此城市形象传播中的媒体组合、跨媒体传播显得尤为重要，特别是将传统媒体和新媒体进行有效的组合、互补与相互促进，更是需要对媒介具备强有力的洞察力和行之有效的创造力。

第四，我国城市形象传播，缺乏在城市类型与特点、传播目的、传播对象、传播内容等相关因素的分析基础上建立独特的媒介选择方案，所有城市在城市形象传播中选择的媒体类型与结构均相近似。可以看到，无论是大型城市、国际化城市还是中小城市，甚至是诸如旅游景区这样的城市组成部分，在媒介选择上几乎没有展现出太多的差异性。这一方面是城市在形象传播中对自身城市的类型与特点、传播目的、传播对象、传播内容等因素的分析不全面也不深刻，在如何根据上述因素选择相匹配的媒介方面自然有所欠缺；另一方面是上述对于单一媒体选择的倾向性造成，没有进行媒介组合或跨媒体传播，只是选择单一媒体，那么，不同城市选择同一具有较高知名度、较强传播力的优质媒介的概率自然就大大增加了。

整体而言，我国城市形象传播实践保留了较多传统媒体时代的特征，在信息扩散和传播路径选择上存在着有待解决的诸多问题，还未真正适应并转入"新媒体时代"。

然而，尽管城市形象传播实践保留着较多传统媒体时代的特征，与新媒体传播存在着明显的差异，但新媒体对城市形象传播的影响已在有意无意中不断扩张，在传播实践中切实影响着城市形象传播的流程、效果以及人们对待其的态度，这对于城市形象传播来讲是必经的阶段，也正因为新媒体产生的强大影响力，不断促使人们去关注、正视从而采取积极主动的态度来认识、了解和利用它。2016 年，作为北京城市形象组成要素的旅游标的物——"故宫"，在其形象传播过程中受到新媒体强大影响力的涤荡应当是值得关注的案例之一：2016 年 1 月 7 日，作为北京城市形象传播内容之一的旅游文化标的物故宫在 CCTV-9 播出三集纪录片《我在故宫修文物》，尽管影片在叙事角度、文本建构等方面确实与以往高高在上的刻板严肃性特征有了较大改变，但从传播策略、媒介选择等方面来看仍保留着传统的结构和方式，是城市形象在传统主流媒体上传播的典型类型，而媒介赋予文本和传播的严肃性也一如往常地发挥着强势的影响力；从传播效果来看，纪录片播出后的反响与同类型的传统文化传播也并无差异，也同样在可接受的范围。然而 2016 年 2 月，《我在故宫修文物》突然毫无前兆地在以"非主流""二次元"等以新生代潮流特质为标签的 bilibili 弹幕视频网站走红，客观地说，纪录片文本与 B 站通常的主流传播文本毫无类似之处，而 B 站的用户群体也绝非纪录片的核心目标受众，但是，《我在故宫修文物》在无意中被拉入与传统主流媒体迥异的新媒体场域后彻底改变了其原有的传播路径，产生了与预期迥异的传播效果。因信息共享而聚集的年轻一代网民在虚拟空间内通过弹幕、评分、互动交流等形式，将其助推成一次具有强烈传播仪式属性的文化"加冕"，成为新生代新媒体用户集体热议的话题，并不断延长着其在用户群体中广泛传播和产生影响的时间跨度。12 月 16 日,《我在故宫修文物》大电影乘势而上,在全国院线上映,将新媒体空间里的在线仪式部分地延伸到线下,在线下活动中,纪录片中备受追捧的"网红"文物修复师王津、屈峰、纪东歌等人从纪录片中走到现场,又通过活动报道和用户自发的信息传播使得线下活动的影响再度投射至网络,引发了新一轮关注与讨论,成为 2016 年末的热门网络文化事件。这种传播文本和传播媒介间的反差与反常态传播,不断在传统媒体、新媒体间产生的互相促进、互相影响和互相借用的关系,以及从事件发生、高潮到后续事件全过程中实现的"线上"-"线下"-"线上"的传播路径,彻底颠覆了传统文化传播定式下的传播路径和仪式架构,不仅成为传统文化传播的特殊案例,实现了传播个案与受众的文化狂欢,而且推动了个体和整个社会文化在参与"狂欢"的过程中完成对自我、自我价值以及自我价值实现的触动、认知、反省与升华。从城市形象传播的角度来看,它已然成为 2016 年一场独具特色的城市形象传播景观,并通过极具说服力的新媒体在城市形象传播中的自我表征,提示我们应给予这一话题更多的关注,为新媒体环境下的城市形象传播提出了更多新的思考和要求,也势必在未来影响城市形象传播方方面面的实践活动。

(二) 国内外研究现状及发展趋势

笔者以"城市""城市形象""传播""新媒体"等关键词对中外相关专著、中文期刊数据库以及 EBSCO 中 Communication and Mass Media Complete、ProjectMUSE、SAGE 等数据库进行了文献检索,检索到相关的研究大致可分为三种研究取向。

1. "城市传播"研究

国外有许多研究者论及"城市传播"，例如，Scott McQuire. *The Media City*：*Media*，*Architecture and Urban Space*. SAGE Publications Ltd. 2008.

在我国，近年来以孙玮、潘忠党、吴予敏等学者为代表的"城市传播"研究备受关注，其研究首先改变了在不断升温的中国城市研究中传播学的缺席状态，提出"在中国城市化迅速展开的过程中，城市与传播的问题正大量涌现"，认为传播学路径的城市研究"必须能够提出并解决当前中国城市发展中的重要问题，体现其他学科不可替代的研究价值"[①]；总结了在历年研究中传播学与城市研究特别是与"上海"相关的研究成果，认为传播学的核心命题零散地分布在各种领域的研究中，例如上海历史发展过程中中西文化的碰撞，上海城市空间安排中公共交往的状况，上海城市社会生活中的信息交流，上海城市共同体建构中大众媒介的角色与影响，上海城市社会关系变迁中传播、媒介的引领作用，上海城市精神塑造、凝聚过程中大众媒介的作用以及背后的权力关系，等等。他们指出："物理空间和大众媒介共同承担了社会中介的角色，履行信息传递、公共交往、意义生成的使命，建构了一种城市生活的社会关系。城市生活得以形成、运作、发展，依赖于此种传播构筑的多重关系网络，这个传播构筑的城市关系之网是信息之网、交往之网、

---

① 孙玮：《"上海再造"：传播视野中的中国城市研究》，《杭州师范大学学报》2013 年第 2 期。

意义之网。"① 研究者们还提出:"以传播的视角视之,无论是城市空间再生产,还是城市文化精神的重构,都牵涉传播不同面向的意义,即信息的有效传递、公共交往的充分展开、文化意义的生成与共享。这三个方面总括之,就是建构一种新型的现代性关系。所谓城市,从这个角度看,是因为有着不同于乡村农业文明的社会关系而得以成立。"② "'城市传播'试图以'城市'作为贯穿人类文明演变的基点,建构以'传播'为核心视角的城市研究范式,以'可沟通城市'为核心概念,将城市理解为一种关系性空间……传播是编织关系网络的社会实践。"③

其次,"城市传播"是对传播研究的范式创新,是重视本土经验,回溯人类几千年的城市文明,聚合纷繁复杂的城市研究中各个面向的"传播"议题,建构以"传播"为核心视角的城市研究范式,以回应当下风起云涌的传播革命与城市发展现实。并在此基础上,拓展主流传播学预设的传播与人之间的关系,重构传播学的核心概念与理论框架,尝试进行传播研究的范式创新。因此,城市传播不是以内容(环境、健康、政治传播等),或者区域(社区、乡村传播等),或者主体(国家等)作为维度的中观研究,而是试图以"城市"作为贯穿人类文明演变的基点,在人类"存有"方式的层面,重建传播与人之关系

---

① 孙玮:《"上海再造":传播视野中的中国城市研究》,《杭州师范大学学报》2013 年第 2 期。

② 孙玮:《"上海再造":传播视野中的中国城市研究》,《杭州师范大学学报》2013 年第 2 期。

③ 复旦大学信息与传播研究中心课题组:《可沟通城市指标体系建构:基于上海的研究(上)》,《新闻与传播研究》2015 年第 7 期。

的传播学创新范式研究。①

在此基础上，研究中对西方研究的现状进行了总结，认为城市传播从三个方面展现了城市与传播的关系。

其一，城市与传播在现代性的框架中并置，形成同构关系。现代城市即是媒介，因为它构筑了人们传播、交往、沟通的平台，全方位地实现了传播的意义。②

其二，大众媒介是"第二城市"，大众媒介构成的传播网络建造了一个虚拟的城市，它以独特的方式再现了实体城市，并复制、重构了一个虚拟的城市系统。③ 网络等新媒体的产生，更加凸显了媒介虚拟空间的意义。

其三，强调现代城市空间的体验是融合性的，建筑物、物质空间、传播媒介、社会实践共同构筑了现代社会生活的传播、交往、沟通过程。如果说在报纸、广播、电视等传统大众媒介盛行的时代，媒介常常被视为"再现"城市现象的"中介"，那么在无限移动的新媒体时代，大众媒介和城市空间已经彼此融合，难以分割，它们共同构筑了城市传播的整体。④

---

① 复旦大学信息与传播研究中心课题组：《可沟通城市指标体系建构：基于上海的研究（上）》，《新闻与传播研究》2015年第7期。

② 〔日〕佐藤卓己：《现代传媒史》，诸葛蔚东译，北京大学出版社，2004。

③ Richard Junger. *Becoming the Second City：Chicago's Mass News Media，1833 - 1898*. Urbana：University of Illinois Press，2010.

④ Scott McQuire. The Media City：Media，Architecture and Urban Space SAGE Publications Ltd，2008.

这三个不同的面向构成了城市与传播关系的三个维度："第一是社会历史的结构性方面，现代城市和现代传播是在现代性框架中同时生成的，工业资本主义与大众媒介的关系正是其中重要的一个面向；第二是城市的物质实体与媒介虚拟再现之间的关系，它在实体与虚拟两元框架中确认了城市与传播的互动关系；第三，将媒介与城市视为一体，彼此交融，城市、实体空间也都是媒介，传播因此成为构筑城市的基本因素。这正是当下传播革命带来的城市与传播关系的崭新图景。"①

"城市传播"的宏观视角和创新的研究范式为相关研究带来了新思考，其中也有涉及新媒体的理论和论述。

例如，卡斯特（Manuel Catells）认为："新媒体不是削弱而是促进城市的发展，新媒体通过整合各种媒介，将实体空间与虚拟空间的传播融汇在一起。"这种视角改变了以往将新媒体视为绝对虚拟空间的制造者的看法，加速了虚拟空间和实体空间分裂的认知，并开始考察新媒体如何将城市各种类型的空间联结起来。

例如，潘忠党在《城市传播研究的探索——"青年的数字化生活与都市文化"专题研究的导言》中提出，"青年的数字生活与都市文化"研究"将研究的触角延伸到都市文化这个领域，而且开始采纳一个新的理论视角，即都市日常生活中空间的社会生产和建构"②。其中，在论述"城市坐落于特定空间并由之

---

① 复旦大学信息与传播研究中心课题组：《可沟通城市指标体系建构：基于上海的研究（上）》，《新闻与传播研究》2015年第7期。
② 潘忠党：《城市传播研究的探索——"青年的数字化生活与都市文化"专题研究的导言》，《新闻与传播研究》2016年第8期。

所界定"时提出："这样的空间，更是人们展开自己在地的
（localized）实践之场所。这些场所镌刻了多维度的社会关系，
有些是结构性的（包括物理的结构，如物化于建筑样式和街道
布局中的权力关系），有些是规则式的（如公园、商场、酒吧等
功能性区分的'开放'场所）。这些关系，规制了人们的行动和
相互交往，但同时，又由人的行动和互动而激活并发生演变。
因此，这些场所是动态的、流动的。更进一步说，如果城市是
一种特定的人类生存形态，那么，城市空间则是人的各种活动
和体验之场所（places），而它们又是在人的行动和互动中才得
以生成（making or becoming）。新信息技术的引入增添了新的维
度，这既是新的空间维度，更是新的场所生成（place making）
行动和意义维度，而这个维度上的实体与虚拟（physical vs.
virtual）的区分，在场所生成中也是动态和流动的。"① 因此，
他们的研究选择了对特定的空间形态展开这种场所生成的分析，
包括实体的场所（如平江路历史文化街区）、虚拟的场所（如
"寒山闻钟论坛"这个网上论坛）和再现中的场所（如用户生
产的视频中的城市形象）。

　　而城市传播的目标是建立"可沟通的城市"，吴予敏认为
"可沟通城市"不是单指媒介化水平和程度，也就是说，"可沟通
的城市"不是仅仅由前者来诠释的，不是指在城市里生活的人们
所能够依据的全部媒介信息网络工具、渠道和资源，不是单指
"智慧城市"中的普遍的"媒介人"，而是指在媒介信息网络快

---

　　① 潘忠党：《城市传播研究的探索——"青年的数字化生活与都市文化"专题
研究的导言》，《新闻与传播研究》2016 年第 8 期。

速发展并构成了新型城市的基础以后，应该在社会制度、社会结构和社会观念上进行全面的深度的变革，以真正形成可沟通的城市社会，使这样的城市成为有共享的文化认同的社会共同体。①

2. "城市营销"研究

另一种研究的取向是源于西方的"国家营销""区域营销""地方营销"研究，这一研究框架将城市视为"产品""品牌"，主张从城市标志和视觉识别符号系统的建构、城市符号和城市品牌符号的传播策略、城市形象片的创作现状和发展趋势、城市影像系统的建构、城市网络传播模式研究、节事活动与城市形象传播等方面对"城市"进行经营和推广。

菲利普·科特勒在《地方营销》中提出，城市所要开展的"战略性营销规划是任何一个地方主动努力寻求自我发展的中心环节"。而这些营销规划包括了"分析目标市场如何做出选择""如何建立评估体系并加以实施""地方提升有哪些可能发生的情况""如何设计和传播地方形象和信息"② 等。立足于中国，科特勒认为："对于中国而言，最终是一个关于地方和人的问题。每个地方营销行为都有其结果。从系统化的视角审视各种可能，可以看到，中国有更大的机会成为一个更强大的经济体，有更大的机会给旅游者留下美好的印象，也有更大的机会，使那些令中国成为一个如此重要国家的各种重要的价值观念受到

---

① 吴予敏：《从媒介化都市生存到"可沟通的城市"——关于城市传播研究及其公共性问题的思考》，《新闻与传播研究》2014年第3期。

② 〔美〕菲利普·科特勒等：《地方营销》，翁瑾、张惠俊译，上海财经大学出版社，2008，中文版序。

最小的伤害。"① 但科特勒的研究从"困境中的地方"作为切入点，其中的许多案例也是针对陷入发展困境的城市展开分析的，因而中国城市在吸纳和采用其中的策略和方法时，应进行评估与筛选，以使得自身的城市形象建构与传播更符合自身的特征和要求。

有研究者关注了大众媒体在城市传播过程中的作用和影响，认为："大众传媒的作用在于建构与传播城市的形象特征，以此来影响公众对城市的总体认知和评判。在城市形象的建构与传播过程中，城市之间存在着无形或有形的竞争，大众传媒在竞争中起到了关键性的作用，那些传媒实力强的城市，往往在宣传策略上高人一筹、快人一步，能够很好地做到城市形象的营销和推广，使城市形象光彩的一面为众人所知；而那些传媒实力较弱的城市，在推广城市形象时，传播的速度和手段都要逊色一些，导致城市形象的认知度较低。"② 尽管并没有直接使用"城市营销"的概念，但实际的论述其实也符合科特勒在"城市营销"宏观概念下的传播观念和框架。

还有研究者着重讨论了电影与城市营销传播的关系，从营销主体、渠道、宣传方式和营销流程等各个方面进行了论述。认为："电影城市形象营销的主体是政府，媒介渠道是电影，宣传方式是植入和软文辅助，文本构成方式是意象的组合和隐喻，以及与电影配合的旅游设施建设。作为城市营销的管理方和运

---

① 〔美〕菲利普·科特勒等：《地方营销》，翁瑾、张惠俊译，上海财经大学出版社，2008，中文版序。
② 刘丹：《大众传媒对城市形象的传播与意义再现——基于空间演进的视角》，《浙江传媒学院学报》2015年第5期。

营方，政府首先应该对城市的发展进行长期的战略性规划，对城市资源的优劣势、城市发展的参照体系、城市的产业结构和人文科技的发展规划、城市营销的区位定势、城市形象的品牌传播等一系列发展指向进行深度研判。同时整合影视资源，借助放映式、电影节等得天独厚的地理优势，在后期持续营销传播，使城市意象融入城市品牌文化，从而使影视创造的意境成为城市特色。在城市形象的植入过程中，要同时考虑信息承载者、营销渠道和信息接收者的条件和特点。信息承载者要选择能恰如其分地表达城市整体概念的物体，应当具有可识别性，并有承载较多意义内涵的能力，或者是情节和台词，植入时都应当考虑到物体语义上的可能性。在营销渠道的电影上应当与政府充分沟通，要构筑可以提升原本信息的语境，以合理的故事情节安排适当的隐喻方式，丰富物体在能指意义上的内涵。电影营销依然要以消费者为导向，在了解受众的喜好和文化解读能力的基础上，充分展现城市形象的独特魅力。"①

在新媒体环境下，城市营销研究出现了对城市的许多新称谓，诸如"流城市""移动城市"等，都能透视出新媒体对城市研究的影响。

例如，有学者认为，城市文本的开发、城市品牌形象的塑造、城市事件营销和城市主题文化扩散的多媒介组合等是城市传播的构建路径，并实现着对社会文明的建构。"新媒体时代，媒介网络化和集群化促成了多种多样的媒介文本形式，城市传

---

① 周凯、孔阳新照：《电影：城市形象营销传播的另类渠道解构》，《现代传播》2013 年第 3 期。

播渠道文本也不例外，基于媒介的城市在信息传播中将有主文本和诸多副文本交叉互动，文本之间在技术的发展基础之上实现了超文本互动，也就是文本的空间性发生变异与延展，文本的交换和错置产生新的意义和价值，文本的空间交换超越了一种文本传播的局限，信息流动的跨文本化，城市在超文本网络的建构之下将成为'流城市'。"① 认为所谓"流城市"就是实体城市和虚拟城市内部要素高度复合同构的文本形式。"'流城市'将在未来的城市传播中发挥实体城市和智能城市相结合的城市发展模式，不同的空间层次的交叉互动，构建出不同的城市媒介景观，媒介在社会文明的建构中，将在图景式的地理意义与历史意义中发挥更大的作用。同时城市也要致力于拓宽现有渠道文本、开发新渠道文本，如手机媒体的城市传播文化拓展等。"②

例如，还有学者从媒介视角分析移动城市媒介化传播，认为，移动城市下，城市与传播交织在一起，实现了城市与传播的同构，也就是说城市即为媒介。从传播介质方面来说，移动城市空间聚合了多种媒介形式，媒介与城市空间融合在一起。面对社会变迁，传播媒介在空间生产中的作用也发生改变。传统城市中，大众传媒是城市传播的主要介质，市民想要获取信息，进行信息交流，主要是通过大众传媒来进行。而在移动城市中，传播已不再是大众传媒的一统天下，各种媒体形式有机地整合和汇聚，形成复杂

---

① 尹帅平：《城市传播与社会文明建构：问题、路径与动向》，《东南传播》2013 年第 12 期。

② 尹帅平：《城市传播与社会文明建构：问题、路径与动向》，《东南传播》2013 年第 12 期。

的集成空间,最终实现城市即传播的格局。在移动城市里生活的人们,不可避免地依存于媒介。通过互联网的联结和传播,城市里的人、物已经编织成了庞大的网络。市民本身就是媒介,通过移动设备将各种信息进行收集、整理和传播。智能手机的普及,使得移动城市的传播更加方便。智能手机已从单纯的通话装置变为具有多用途的计算机,代表着移动城市时代的到来。移动城市下,移动设备联结的不再是两个人的关系,而是多个人之间相互作用的关系,是人与人、人与地理以及人与各种媒体、平台、服务中心的交互关系;移动城市下,城市传播的理念发生了重大的改变;移动城市下,对城市形象的理解已经突破了大众传媒塑造的概念。刘易斯·芒福德对城市形象的观点更加符合当前移动城市的实际情况,他认为:"城市形象是人们对城市的主观印象,是通过大众传媒、个人经历、人际传播、记忆以及环境等因素的共同作用而形成的。"① 此定义在一定程度上暗合了城市即媒介以及媒介在移动城市的影响力。对城市传播而言,移动城市的出现产生了重大的影响,移动城市的传播是一种大传播。传统的城市中,城市传播的主体主要包括政府、企事业单位和传统媒体;而在移动城市下,市民和非政府组织的加入,使得传播主体发生了重要的改变,城市传播主体更加多元和立体。大众传媒、微博和微信为代表的社交媒体,以及其他新媒介的纷纷涌现,使得移动城市的传播环境、舆论环境、传播主体都明显区别于传统城市的传播。市民在移动城市传播中的身份是双重的:一方面,市民是城市信

---

① 刘易斯·芒福德:《城市发展史:起源、演变和中国建筑工业前景出版社》,宋俊玲、倪文彦译,2005,第574~578页。

息传播的接收者，主动关注城市的信息，对传播内容进行转播和评论；另一方面，市民又是城市信息传播的参与者和信息的生成者，将自己所获取的信息传播给他人。应该说，市民积极主动参与传播对于城市具有重要的意义，传播可以为城市形象塑造和城市治理发挥积极的作用。通过移动城市的传播，使城市变得可以全面沟通和对话，促使城市更加富有活力。①

　　总而言之，在城市营销过程中对于新媒体的选择和使用话题的讨论，是近年来媒介技术的发展及其影响不断扩展和深化而引发的一个备受关注的新内容，例如，Mila Gasco-Hernandez, Teresa Torres-Coronas（"Information Communication Technologies and City Marketing：Digital Opportunities for Cities Around the World". *Information Science Reference*. 2009）等研究中，讨论的是媒介选择作为营销的一个环节，新媒体作为媒介选择中的一个组成部分，是如何为满足营销总体目标和需求而存在的。利用新媒体互动性、体验性强等特征，增加"互动传播""体验传播"等成为城市形象传播运用新媒体的新策略、新途径，用以调动受众的关注度、兴趣、情绪、参与程度，强化受众的认知、理解和记忆，提升传播效果。② 还有研究者从刘易斯·芒福德的论述——"对话是城市生活的最高表现形式之一，城市中最有意义的活动是对话。虽然城市的传播技术在不断地发展和变化，但其是否能扩大人类沟通和交往，并与人、环境和谐共处，是衡量传播

---

① 陶贤都：《城市即传播：多维视角下移动城市的传播研究》，《传播与版权》2016 年第 11 期。

② 刘政序：《融媒时代城市文化传播的现状与创新》，《青年记者》2016 年第 6 期。

技术进步还是退步的重要标准"出发，认为"社会化媒体具有
参与性、对话性、互动性、社区化和联通性强的显著特征，它
的出现为扩大城市与城市之间、城市市民之间的沟通与交往提
供了技术可能"，并对利用社会化媒体实现城市传播的路径进行
了阐述，包括"政府主导、多主体参与""培养城市意见领袖"
"整合社会化媒体平台""搭建公益信息平台"等。①

3. 具体城市的形象传播策略研究

城市形象传播与城市建设的实践息息相关，因而用以研究
和指导某一具体城市形象传播实践的成果也成为城市形象传播
研究中的重要组成部分，大致包含了对具体城市的形象传播策
略从定位、创意、表现等方面进行的论述。

以"城市形象"和"定位"为关键词搜索知网，获取了近
1300 篇针对城市形象定位展开论述的文献，其中，既有以大型
城市和知名城市为研究对象的，例如《基于扎根理论的澳门城
市形象定位研究》（李韶驰、程文丽，《中共珠海市委党校珠海
市行政学院学报》2016 年第 4 期）、《厦门自贸区形象定位建构
探析》（吴小冰，《厦门广播电视大学学报》2016 年第 4 期）
等；也有以中小城市为研究对象的，例如《论城市形象的定位
与建设——基于泰州城市形象的调查与思考》（《商丘职业技术
学院学报》2016 年第 6 期）、《县域旅游品牌的定位策略研
究——以沂南县为例》（刘亚秋，《商场现代化》2016 年第 27
期）等；而随着新媒体在社会生活中的影响日趋显著，也出现

---

① 李明：《社交媒体视阈下的城市传播研究》，《中国出版》2015 年 7 月
（上）。

了很多以新媒体、大数据等热门关键词为背景的城市形象定位分析，例如《大数据时代基于城市意象方法的武汉城市旅游形象定位与新媒体传播研究》［康帆、陈莹燕、龙燕，《美与时代》（城市版）2017年第1期］等。

以"城市形象"和"创意"为关键词搜索到近400篇文献，其中包括：与具体某一城市相关的，例如《美国城市形象片的创意发展趋势研究——以纽约、洛杉矶、芝加哥、华盛顿和旧金山为例》［聂艳梅，《广告大观》（理论版）2013年6月］、《城市形象宣传片的创意与传播探究——以河南部分城市形象片为例》（张海欣，《新闻知识》2014年第5期）等；讨论城市形象创意思维的，例如《颠覆与超越：中小城市形象建设的创意思维解析》［郑晓明，《河北科技师范学院学报》（社会科学版）2011年第3期］等；同样，越来越多的研究者也将目光投向新媒体，讨论其与城市形象创意的关联，例如《新媒体环境下城市形象片的创意与传播》（刘孟达，《当代电视》2016年第7期）、《自媒体时代城市形象的创意传播》（郭小霞，《青年记者》2015年第8期）等。

以"城市形象"和"设计""表现"为关键词共搜索到4000余篇文献，从图形表现、标志设计、设计符号、色彩表现、美学规律等各个方面展开了论述，例如《浅论城市形象海报设计中的图形表现》（刘晓丽，《美术教育研究》2016年第9期）、《城市典故在城市形象标志设计中的表现》（朱威，《上海工艺美术》2012年第3期）、《城市形象宣传海报的创意与表现》（刘亚非，《新闻战线》2016年第14期）、《城市历史形象的复原与表现——中国近代第一城博物馆陈展创作解析》（卫东风，

《艺术探索》2008 年第 5 期）、《浅述色彩在城市形象中的审美表现》（吴敬，《科技展望》2014 年第 20 期）、《城市形象视觉符号设计中美学规律的应用》（于佳，《吉林广播电视大学学报》2017 年第 2 期）等。

此外，从媒介的类型和视角出发，对不同媒介类型中的城市形象传播以及城市形象传播应如何使用和整合不同媒介达成传播目的所展开的研究文献也有较大数量，例如《美日韩报纸上的鞍山形象与城市对外传播》（薛铁，《中国冶金教育》2017 年第 1 期）、《从信息整合及传播途径看〈寻味顺德〉的传播优势》（罗婷婷，《新媒体研究》2017 年第 2 期）等；新媒体语境作为城市形象传播的重要背景时刻影响着城市形象传播实践，例如，《新媒体语境下城市宣传片的困境与突围》（吴浚，《新闻战线》2017 年第 1 期）等；而新的媒介类型也带给城市形象传播更多的创意展示形式，也延展了城市形象传播研究的范围，例如，《论城市微电影与盐城城市形象建构与传播——以〈盐城之恋〉为例》（姚永明，《今传媒》2017 年第 2 期）、《VR 技术给城市品牌传播提供的新视角》（杜欣，《青年记者》2017 年第 2 期）、《城市形象网络传播路径建构与策略研究——以福建省福州市为例》（王燕星，《绵阳师范学院学报》2017 年第 1 期）、《城市形象微电影的创作和传播》（瞿新忠、丁晶晶，《艺术科技》2017 年第 1 期），《微电影中城市形象植入与传播策略研究》（孟翀、张峥，《当代电视》2016 年第 11 期）、《基于新媒体的城市形象整合营销传播研究——以"2015 杭州大使环球行"项目推广为例》（孟茹、潘丹，《浙江理工大学学报》2016 年第 5 期）等。

总体而言，随着城市建设的不断深入，人们对城市建设的关注程度不断提升，城市建设面临的急需探讨和解决的问题也不断增多，自2011年起，国内外研究者对"城市形象"的关注度持续上升，研究成果数量稳步增长，但研究仍较为零散，从研究的视角来看，研究者们从宏观、中观、微观各个层面进行了分析；从学科来看，将传播学加入城市研究中，扩充了城市研究的外延，丰富了城市研究的内涵，对城市形象研究从理论到实践均大有裨益；从目前的研究现状来看，新媒体的加入对城市建设而言意味着一场重要的变革。与此同时，也使得城市研究、城市形象研究、城市形象传播研究面临更多值得探讨的研究空间，这也必将是未来研究的重要课题之一。

（三）研究的基本框架

1. 基于"差异化"和"个性化"传播立场的研究

本课题以北京作为城市样本，在综合运用传播学、社会学等学科理论的基础上，通过理论假设、实际调研、个案分析、模型修订等环节，以新媒体环境为背景，针对城市形象传播路径这一问题，对北京城市形象传播在媒介选择、媒介组合以及跨媒体沟通方面的实践与效果进行分析，以期对未来北京城市形象传播过程中的信息传播路径选择有所裨益，在此过程中，使本研究兼具理论研究和实践研究的意义和价值也是目标所在。

实现这一研究目标，首先需要确立研究的基本思路和认知立场。在菲利普·科特勒以"营销"的思路来看待城市传播时，他提出："地方营销就是通过规划一个地方来满足其目标客户。只有当市民和商业机构都满意于他们的社区，游客和投资者的期望也都得到满足时，这种营销策略才算取得成功。"① 这提供了一种针对不同目标受众展开城市形象传播的思路。

纵观以往的城市形象传播实践，仍然较多地遵循传统特性的传播思路，因此无差异的大众传播是我们较为常见的形式。大多数实践并未将传播的重点放在对人群的划分上，因而对传播主题、传播策划、创意与表现形式，以及传播媒介的选择都显得太过于笼统，是一种传统的无差异传播，因而无法满足不同个人和不同机构在接收城市形象传播过程中的信息需求。

事实上，不同个人和不同机构在接收城市形象传播信息过程中的需求存在很大差异性，同时，适用于不同个人和不同机构的城市形象传播的媒介也各不相同。因此，要实现有效的传播，首先，应该将一个异质化的城市形象传播对象整体根据其所处地理区域、个人或机构特征、信息需求等因素划分成若干个具有相同或相类似特征的同质化的传播对象群体；其次，在此基础上确定更为明确的具有针对性的城市形象传播目的，并根据特定的城市形象传播目的设定城市形象传播的主体、策略、文本等一系列内容；最后，根据每个特定传播对象群体在媒介选择、媒介接触习惯和媒介接触可能性的特征，选择符合对象特征和接触习惯的媒介，采取城市形象的"差异化传播"，从内容、形式到传播途径等一系列环节实现对传播对象的量身定做。

此外，在新媒体环境下，"精准"和"定向"的传播是对信息传播提出的更高要求，也同样适用于城市形象传播，而新

---

① 〔美〕菲利普·科特勒等：《地方营销》，翁瑾、张惠俊译，上海财经大学出版社，2008，第90页。

媒体在即时性、互动性等方面的优势，更能有效地促进和达成与传播对象群体内部每一个个体成员的"个性化传播"，从而将城市形象传播从泛泛的"传播"，提升至对传播进行"沟通"与"对话"的新的层次。需要强调的是，在城市形象传播过程中，新媒体绝不是与传统媒体生硬割裂开来的，二者在传播过程中的互相补充、互相促进和互相转化，使得当下的城市形象传播呈现出比以往更为浓厚的文化活力和人文情怀（见图1-2）。

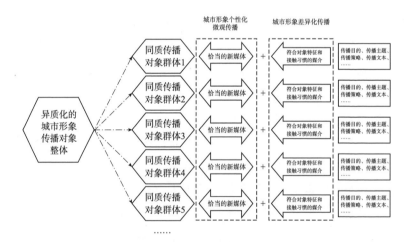

图1-2　城市形象差异化传播与个性化传播的整合

资料来源：〔美〕菲利普·科特勒等：《地方营销》，翁瑾、张惠俊译，上海财经大学出版社，2008，第17页。

2. 基于"城市形象传播的层级"的研究

为了使本课题研究对北京城市形象传播中路径选择的评估与建议更具有针对性，本课题完成的首要任务是设定"城市形象传播的层级"，即对北京城市形象传播划分不同的目标对象，并根据目标对象最为关注的城市形象传播内容进行区分，进而在此基础上评估媒介使用的情况与效果，并依此提出更为有效的建议。

在此，菲利普·科特勒划分的地方营销层级具有一定的借鉴意义，他分析了营销展开的起点、营销的要素和营销目标对象之间的相互关系以及各个流程所包含的具体因素。（见图1-3）。

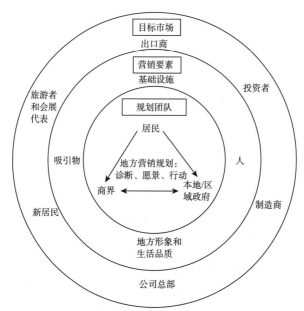

图1-3 菲利普·科特勒的"地方营销的层级"

资料来源：〔美〕菲利普·科特勒等：《地方营销》，翁瑾、张惠俊译，上海财经大学出版社，2008，第17页。

但我们并不能直接套用菲利普·科特勒的"地方营销的层级"，因为在菲利普·科特勒的"地方营销的层级"中，所有的营销要素都是根据规划团队的愿景、诊断、行动而设定和传播的，从规划团队的立场出发，这种营销要素的传播主要指向的是建构性的积极正向的传播。

然而，实际的情况是，从当下的城市形象传播中不难看出，新媒体的加入使得这样的规划团队在城市形象传播主体结构中的地位和作用受到了极大的撼动，主观指导下的积极正向的传播时刻受到可能突然出现的其他信息来源的影响，而这些非主导性的信息也同样参与了城市形象传播的建构，在某些情况下这类传播对城市形象的影响可能更为明显和强势，例如，2017年3月4日，在北京地铁10号线发生了一起骂人事件，事件的是非对错暂且不论，视频在网络媒体用户间的自发性传播快速促成了传播焦点的形成，并从事件中衍生出来"北京"和"外地"之间的区域对抗，这种对抗关系的形成显然与主导性的北京城市形象传播信息相悖，而北京警方对事件的快速处理，以及通过"平安北京"官方微博对事件处理过程和处理结果的实时通报，也反映了政府部门对新媒体带来的工作转变的适应和调整，通过新媒体平台公开传播的信息以及通过新媒体展现的应对行为又再次影响并重构了在突发事件中的城市形象。从此次事件的传播来看，菲利普·科特勒的模式并不能完全适用于新媒体环境下的城市形象传播，需要对其进行适当的调整，与此同时，城市形象传播中的规划团队的构成、主要的营销要素、目标市场的类型也都存在需要调整和修订的部分。

因此，"城市形象传播的层级"提供的是影响城市形象传播的各要素、各要素之间的相互关联以及传播展开的基本流程（见图1-4）。

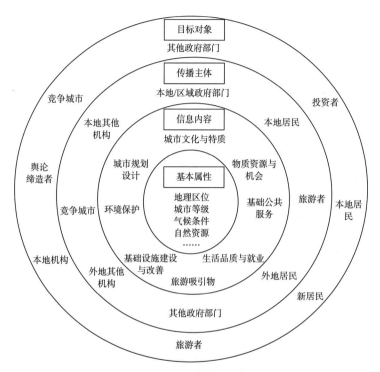

图 1-4　城市形象传播的层级

　　城市形象传播的层级主要包含以下四个方面。

　　第一，城市形象传播的层级中，将城市形象传播的本源确定为城市的基本属性，包括地理区位、城市等级、气候条件、自然资源等，这些基本属性决定了一个城市的发展条件、城市的地位以及城市的影响力，而所有与城市形象传播相关的信息内容必须倚赖上述基本属性，因此，可以说，一个城市的基本属性是影响城市形象传播的核心要素。

　　第二，基于城市基本属性，城市形象传播的主要信息内容如下。城市文化与特质，是指城市发展的基本观念、定位和精神内核，以及在城市发展过程中积累的城市精神和文化的具体表现。物资资源与机会，是指城市所能提供给投资者、生产和商务活动的吸引物。城市规划设计，对于城市形象而言，体现着一个城市在创立和发展过程中的基本思路，在城市规划设计的过程中，其实也就创立了城市形象的基本轮廓，因此，有学者定义为"城市就是媒介"①，也可用以阐释城市规划设计与城市形象传播的关联，规划合理、品质优良的规划不仅自身就是一种形象传播，从狭义的城市传播来看，在美学和艺术价值上都可为城市形象传播所用，增加了传播的元素，丰富了传播的形式和内涵。基础设施建设与改善，从城市规划的具体实施来看，其建设与改善是呈现规划理念和架构的具体环节，它与城市生活的各个方面紧密关联，成为评价一个城市发展水平、吸引力强弱的重要指标，与之相关的信息也越来越多地成为城市形象传播的内容之一，特别是某些话题在新媒体的环境下不断作为传播热点被新媒体用户广泛关注和参与讨论，对城市形象传播产生着不可忽视的影响力。例如，2011 年 6 月 23 日北京遭遇暴雨，"地铁站""积水潭"成为微博的热门关键词，说明城市基础设施建设和改善在传播中的重要地位和影响力。此外，有关城市基础设施建设和改善的相关信息传播在新媒体语境下还可能产生群体趋同性与主导观念存在偏差的信息反馈。例如，

---

　　① 〔日〕佐藤卓己：《现代传媒史》，诸葛蔚东译，北京大学出版社，2004，第 24 页。

2017年3月，新闻网站公布了北京地铁新线路的规划信息，作为改善交通环境和出行条件的重要举措，这显然是城市形象传播中的积极信息，但网友对信息的评论大多忽略了对上述积极信息的延续，"地铁沿线房价"则成为评论中出现频率较高且态度较为趋同的主要反馈，这说明，对于新媒体环境下的城市形象传播而言，信息文本的传播和针对信息文本的舆论引导显然同样重要。在人们越来越多关注城市生活品质和生活质量提升的同时，环境保护作为其中的重要因素引起了全社会的关注，从目前来看，客观的环境条件，环境保护的政策、措施和执行情况，环境保护的问题与缺憾，环境问题影响的个人生活状态和生活选择都在整个城市形象建构过程中占据了越来越重要的比重，信息来源的多样化、信息间的博弈、不同类型的信息在传播中的反馈状态都是目前城市形象传播中引人关注的内容，因此，也理应在城市形象传播和城市形象传播分析中给予一定的关注。基础公共服务，包括安保、消防、医疗和教育等，在一个地区形象的建构过程中也起着很重要的作用。良好的公共服务可以成为一个地区十分重要的吸引力，这些与城市居民生活息息相关的内容，也同样对外地居民产生或排斥或吸引的影响力；与此同时，具有个性的基础公共服务也同样可以作为城市形象传播中的组成部分，例如，北京"朝阳群众"就作为安保的特定形象为北京城市形象的建构发挥了自身的传播效力。在城市间的流动性方面，一个城市的生活品质和就业状况对吸引新居民至关重要，优良的生活品质、良好的就业条件是城市对外传播吸引更多新居民的任务之一。旅游吸引物应该是在城市形象传播中最为常见的传播主题和内容，旅游吸引物数量的多与少，以及如何向吸引而来的游客和商务人士提供更好的旅游产品、旅游服务以及旅游相关产业的产品等直接影响着外来游客和商务人士对一个城市的评价和自主传播。在新媒体环境下，游客的评价和传播不再局限于人际关系网络中的口口相传，而通过各类传播平台将其主观的评价和影响力延伸至更为广泛的地域和人际关系范围，并深刻影响着他人和社会舆论中的城市印象。

第三，城市形象传播的主体包括：本地/区域政府部门、本地其他机构、本地居民、旅游者、竞争城市、外地其他机构、外地居民、其他政府部门。

第四，城市形象传播的目标对象包括：其他政府部门、投资者、竞争城市、舆论缔造者、本地机构、本地居民、新居民、旅游者。

从传播的流程来看，城市的基本属性影响着城市传播的信息内容，各类信息内容通过不同的传播主体传递给目标对象。传播主体在传播信息的过程中由于自身的需求和特征的差异性，在选择信息内容的种类时，会具有一定的倾向性，较为集中地传播一类或者几类信息；而不同种类的信息内容所针对的目标对象也具有一定的倾向性，较为集中地针对一类或者几类目标对象；而某一类型的目标对象在信息内容的选择上同样具有一定的倾向性，会较为集中地接收一类或者几类信息，并整合成符合自身信息需求的城市形象信息框架，影响自身对于城市形象的认知并将根据这一认知采取相应的行为方式。

3. 研究的主要内容与基本框架

（1）新媒体时代北京城市形象传播的信息扩散模式及路径

选择的现状分析。

一是新媒体时代背景下受到新媒体影响的传统媒体在城市形象传播过程中的信息扩散模式及其效果分析。

二是各类新媒体在城市形象传播过程中的信息扩散模式及其效果分析。

（2）新媒体时代北京城市形象传播的路径选择现状。

评估项目一：以宏观时间为轴线的传播路径选择评估（见图 1-5）。

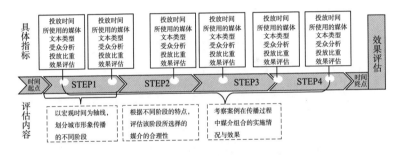

图 1-5　以宏观时间为轴线的传播路径选择评估流线图

资料来源：作者自制。

评估项目二：以微观时间为轴线和不同类型受众的媒介接触习惯调查为基础的传播路径选择评估。

（3）新媒体时代我国城市形象传播的新语境及对城市形象传播的影响。

主要分析新媒体时代环境对城市形象传播流程中各个环节的影响，了解其变化，包括：传播目的的改变与设定研究，传播范围的改变与设定研究，传播受众分类及其特点分析，传播内容的变化与设定分析等。

4. 根据北京城市形象在传播范围、传播目的、传播受众、传播内容等特征和需求提出适应传播特点与需求的跨媒体沟通模式

　　显然，在当下的媒介环境中，只有传统媒体和新媒体通过"沟通"的方式建立起与受众之间行为、情感的密切关联，才能共同完成对城市形象的传播与建构。基于上述对传播目的、传播范围、传播受众、传播文本特点的分析，结合新媒体和传统媒体各自的优势，规划适合各类城市形象传播的路径选择框架。包括：新媒体环境下从"传播"转向"沟通"影响的信息接触模式变化；确定新媒体时代城市形象传播核心创意点；确定新媒体时代城市形象传播的媒体接触点。

二　北京城市形象传播媒介
使用概况与理论假设

为了更好地厘清城市形象传播的信息扩散情况,评估各类媒体的传播路径和传播效果,根据需要,本研究依据媒介的特征划分出几大类型,并据此对城市形象传播设定了几种信息扩散的模式类型。在此基础上,以国家话语环境作为传播的社会背景,以议程设置理论为理论基础,对新媒体环境下城市形象传播过程中传统媒体与各类新媒体的信息扩散模式做出相应的理论假设,通过后续的调查研究,考察城市形象传播主题下媒体议程、公众议程、政策议程、个人议程的形成过程及相互关系,评估该传播路径对传播预期的实现效果与形成差异的原因,在修订理论假设的同时,为城市形象传播实践提供有价值的理论依据。

根据目前在城市形象传播过程中主要使用的媒体类型,本研究做了如下划分:传统媒体,即时通信媒体(例如 QQ 及微信的部分功能),SNS 社交媒体(例如人人网、微博和微信的部分功能),搜索引擎(例如百度、Google)、网络视听媒体(如优酷、爱奇艺、搜狐视频等)。

（一）新媒体影响下利用传统媒体进行城市形象传播的概况

1. 新媒体影响下利用传统大众媒体开展城市形象传播的案例

尽管新媒体已经成为我们生活中不可或缺的一部分，不断颠覆着我们信息接收的形式和习惯，重构了媒介生态和媒介结构，传统媒体遭受的冲击不言而喻，但这并不意味着传统媒体"已死"，在城市形象传播中，传统媒体仍然扮演着举足轻重的作用。

（1）传统媒体中的旅游宣传，以 2000 年央视推出的昆明旅游宣传片为例。

2000 年 1 月 1 日，昆明市推出了主题为"昆明天天是春天"的视频广告，成为城市形象广告的开篇之作。该视频广告在中央电视台黄金时段播出，反响颇佳。"昆明天天是春天"这句广告语也成为昆明旅游宣传语中最出名的一句。如今，昆明四季如春的形象已经深入人心，旅游业也蒸蒸日上，成为城市的支柱产业之一。以这条城市形象宣传广告为开端，各大城市纷纷效仿，促使 2004 年央视主持举办了名为"CCTV 中国魅力城市展示"的大型城市展示活动，以展现城市发展成就为宗旨，以推动中国城市化进程健康发展为目标。该节目每两年举办一次，通过电视镜头将各城市的自然风光、人文景色展示给全国人民。该节目举办至今，已逐渐成为一个大平台，让更多的城市能够相互交流，发现差距，共同促进。与此同时，在高速发展的城市化的作用下，越来越多的城市呈现同质状态，城市之间的差异性正在缩小，城市的个性正在消失。"CCTV 中国魅力城市展示"则鼓励各城市在发展中表现更多的创造力和个性，并大力促进第三产业的发展与繁荣。

（2）传统媒体中的饮食文化宣传，以2014年CCTV9纪录片《一城一味》为例。

2014年1月，CCTV9出品了7集纪录片《一城一味》，从全国精心甄选7个城市作为拍摄地，囊括东南西北各个方位的特色美食、地域文化。以"变化的城市，不变的味道"为灵魂，传递"一方水土养一方人"的中国文化，以食物的美好表达城市的美好，诠释城市魅力。其中播放量最高的当属天津篇。炸糕，嘎巴菜，煎饼果子等都在纪录片中——呈现，唤起了异地游子的思乡之情和未去过天津的人对天津小吃的好奇心。该视频在央视9套滚动播出，收获了众多好评。

中国的小吃以品种多样、味道极佳享誉中外，而各地的小吃又根据各地的地理、文化条件而各有特点。从2012年央视出品的《舌尖上的中国1》到2014年的《舌尖上的中国2》，都是抓住饮食特点来做的城市宣传。这是一个很好的切入点，更能体现民情、民风、民俗。更容易激起共鸣和兴趣。因为是央视出品，并在央视反复播出，知名度颇高。加上题材通俗，受众很广，传播效果颇佳。

（3）传统媒体中的大型政治活动传播，以2016年G20杭州峰会为例。

2016年9月在杭州召开了G20峰会。G20峰会作为全球经济合作的主要平台之一，在中国召开，对中国来说，这是一个机遇，中国是最大的发展中国家，是新兴市场国家的代表，举办G20峰会，中国可以代表发展中国家发声。同时，这也是一个展示杭州的平台，国际重要峰会在杭州召开，将拉动当地基础设施建设，促进当地外向型经济和提高城市国际化水平。为宣传此次会议制作的三版宣传片也颇受关注。一是与美国电视台 CNBC 联合制作的《相约浙江》，在 CNBC 的美国频道早晚黄金时段播出。二是杭州电视台制作、由 BBC 电视台首播，并同步在北美地区、欧洲地区和亚太地区播出的《韵味杭州》。三是 BBC 与杭州联合制作的旅游宣传片《欢迎来 G20 杭州》，在英国、俄罗斯等 44 个欧洲国家循环播放。这些影片充分展示了杭州独特的人文风情和如画的自然风光，使杭州的国际知名度显著提升，从而带动了旅游业。G20 峰会后，杭州新增场馆游览旅游线路，旅游人数较上年同期增长 30%。所以，成功的城市宣传不仅可以提升城市美誉度，更可以带来经济效益，是推动城市第三产业发展的助力器。

（4）传统媒体中的大型体育活动传播，以 2016 年里约奥运会闭幕式的东京 8 分钟为例。

众所周知，每一届奥运会闭幕式上都会有长达 8 分钟的下一届奥运东道主国的形象展示表演。2016 年里约奥运会闭幕式上，东京的展演引起热议。在 1~2 分钟的东京宣传短片中，大胆运用红黑色调，把经典的东京地标建筑比作运动器材，并与运动员相配合；运用先进的 AR 技术，将观众耳熟能详的动漫游戏人物融入其中；特邀最具日本文化特色的歌手和在海外具有广大影响力的日本组合的制作人、编舞老师参与制作；同时不忘卖萌，让首相玩 cosplay，在多元素环境下展现出现代日本的科技和文化。

日本的动漫产业全球闻名，口袋妖怪衍生出来的游戏

"pokemon go"更是风靡全球。加上奥运闭幕式是一项国际盛会，数千家媒体同步直播，全球数亿人在电视上都能看到，宣传面极广，非常利于在世界范围内宣传城市形象。这次8分钟的展演是一次成功的宣传范例，提高了人们对东京奥运会的期待，并且在一定程度上促进了当地旅游业的发展。

（5）传统媒体中的城市形象宣传片，以2017年3月广州形象宣传片亮相纽约时代广场为例。

纽约时间2017年3月11~17日，广州城市形象片在纽约时代广场"中国屏"24小时滚动播放，这部以《花开广州·盛放世界》为名的30秒时长的短片，由木棉花（广绣）、海珠湖花海、以世界知名的地标建筑广州塔为核心的广州城市新中轴CBD、超大港口等一系列广州代表元素形象组成，在这个被誉为"世界十字路口"的黄金地段向世界展现了广州全方位开放发展的城市形象。

形象片主题以"花"为凝聚广州城市气质的象征，该次在"中国屏"投放的30秒短片是广州城市形象片的首次亮相。广州市还将陆续推出5分钟、1分钟时长的版本，并通过海内外各大媒体网站、电台、电视台、微信微博平台、海外社交媒体账号等向全球发布。

通过大屏的户外媒体广而告之的中国城市宣传视频，已经不是第一次登录纽约时代广场了。2011年，成都的《典型中国、熊猫故乡》和上海的《中国名片上海》，2014年，大连的《旅游明信片》等都曾在此播出。这种传统的户外广告一直有其市场，直到现在，国人依然以登录纽约时代广场——这个国际化的展示平台为荣。

2. 新媒体环境下通过传统媒体开展的北京城市形象传播案例

在北京城市形象传播活动中，通过传统媒体进行城市形象主题传播的活动不胜枚举。

（1）2005 年央视出品大型纪录片《故宫》。

2005 年 10 月，经过两年艰苦拍摄的大型纪录片《故宫》在中央电视台一套黄金时段播出。该片从故宫的建筑艺术、使用功能、馆藏文物和从皇宫到博物院的转换历程等方面，全方位地展示了故宫辉煌瑰丽的宫殿建筑和经历传奇的珍贵文物，讲述了不为人知的人物命运、历史事件和宫廷生活，触摸历史跳动的脉搏，传承源远流长的中华文明。中央电视台聘请了具有国际水准的摄影、音乐创作、动画制作等专业人士加盟，优秀的影像和音乐创作使整部片子成为一场视听的盛宴。继《故宫》之后，2011 年，故宫博物院和中央电视台又一次联合制作了百集纪录片《故宫 100》，并于 2012 年元旦登陆央视纪录频道。这两部纪录片在展示故宫恢宏壮丽的同时，也宣传了它的历史文化价值，使观看者产生好奇、向往之情，为北京的旅游业做出贡献。同时突出了北京作为三朝古都具有的深厚文化底蕴和人文情怀。

（2）2010 年章子怡、濮存昕参与拍摄的市民形象宣传片。

2010 年，章子怡、濮存昕被委任为北京人形象大使，并一起为北京文明有礼的市民形象拍摄宣传片，展现北京人的精神面貌，从文化生活方面诠释北京城市生活的内涵，塑造北京人的形象。

（3）2011 年北京市政府推出"北京精神"的口号及其传播推广。

2011 年 11 月，北京市公布了"北京精神"——"爱国 创

新 包容 厚德"。该内容经过来自清华、北大等 20 余所高校的专家研讨，并在 2011 年 9 月经过 200 多万市民的网上票选，最终于同年 11 月 2 日发布。"北京精神"既概括了北京深刻厚重的民族情怀和积极进取的精神状态，又体现了其兼容并蓄的文化传统和容载万物的人文精神。一个国家需要拥有民族精神，一个城市同样需要有自己的城市精神。"北京精神"不仅是文明素养和道德理想的综合反映，更是一种生活信念与人生境界的高度升华；是北京市民认同的精神价值与共同追求，更是展示城市形象、引领城市发展的一面旗帜。同时，"北京精神"充分发挥城市精神在"人文北京、科技北京、绿色北京"建设中的导向、凝聚、激励作用，也为进一步增强北京文化软实力和城市影响力做出贡献。

（4）传统媒体对 2011 年聘任中国三大男高音歌唱家——戴玉强、魏松、莫华伦担任北京旅游形象大使的传播。

为参与北京旅游宣传推介活动，2012 年 8 月 1 日，这三位男高音歌唱家亮相英国爱丁堡国际艺术节"北京之夜"音乐会，扩大了北京旅游的海外宣传效果。

（5）2012 年 1 月 1 日，北京旅游宣传片亮相美国纽约时代广场。

2011 年岁尾，在美国纽约时代广场新年倒计时最后 10 秒这个全球瞩目的时刻，时代广场 LED 显示屏播放了北京旅游宣传片，北京市旅游委以中国传统的"醒狮点睛"画面展开旅游推介活动，向全美国、全世界人民展示北京城市形象和旅游文化。

（6）2013 年朝阳区宣传片登陆美国纽约时代广场。

2013 年 10 月 18 日，在被称为"世界十字路口"的美国纽约时代广场，一组带有浓郁中国特色的宣传片在纳斯达克大屏惊艳亮相，不仅吸引往来游客纷纷驻足观看，也引起了所在地诸多国际商业巨鳄们的关注。据了解，这组时长为30秒的宣传片由北京市朝阳区投资促进局与亚太卫视传媒集团联手打造，此外，为了进一步配合2013年的京港洽谈会，该宣传片也从10月24日起在亚太第一卫视上连续播放半个月。整个宣传片以商务朝阳、宜居朝阳、奥运朝阳、投资朝阳为主线，全面宣传了北京朝阳区商务环境和投资优势，展示出这块开放、自由、发展中的投资热土向全世界敞开了胸怀。

对此，朝阳区投资促进局相关负责人表示："我们希望通过提高自身在世界商业核心位置的曝光率，将朝阳打造成为中国在全球市场上的一个名片，目前朝阳区正在以全新的姿态向世人展示中国的科技、文化和商业魅力，作为投资主管部门，我们也是通过打好'总部牌''金融牌'在世界范围和更宽领域中为跨国公司及各类投资主体更好地服务，为'三化四区'建设做出更大的贡献。"

（7）传统媒体对2014年北京举办APEC会议的宣传。

2014年，APEC会议在北京召开，这是继2001年在上海举办后时隔13年再一次在中国举办这一会议。其中领导人峰会于2014年11月在北京怀柔雁栖湖举行，中国国家主席习近平主持峰会。为办好此次峰会，从选址雁栖湖到会议场馆的建设都经过精心打造，努力体现北京的历史文化形象。雁栖湖位于京郊燕山脚下，北临雄伟的万里长城；主场馆"日出东方"、领导人下榻的"京"字酒店、习主席所住的"红双喜"别墅等，均展现了中西合璧的建筑中所蕴含的中国文化。为更全面地报道这次会议，CCTV 成立了"2014 年 APEC 亚太经济合作组织领导人非正式会议特别报道"专题组，在 CCTV 新闻频道进行直播，报道开会内容、会议议程等。在每天的新闻联播中也均有提及。《北京日报》《北京晚报》也在跟踪报道。同时，在 APEC 会议召开期间，北京一改以往"霾都"的形象，从 11 月 3 日开会到 11 日会议结束，北京一直是万里无云，PM2.5 低于 50。这几天出人意料的好天气，使得"APEC 蓝"这个词诞生。CCTV 也多次报道"APEC 蓝"现象，并在之后提出"留住 APEC 蓝"的口号。这次会议天时，地利，人和，为各国领导人全面展现了北京作为中国首都的形象，提高了北京形象的国际声誉和综合评价。

上述案例反映出，尽管新媒体来势汹汹，极大地改变了人们的媒介使用习惯和喜好，占用了人们大多数的媒介使用时间，但不可否认的是，传统媒体仍然是城市形象传播的重要平台和传播路径，以北京城市形象为例，站在传播者的角度，仍会选择使用传统媒体进行北京城市形象的各项传播活动。与此同时，在本研究开展的调研中发现，传统媒体作为城市形象传播的传统与习惯，也是受众接受城市形象信息的重要来源，在询问"您是通过何种媒体接触北京城市形象传播信息的（多项选择）"时，传统媒体以绝对的优势占据了主要位置，特别是以声画结合为特点的电视媒体，以占 80.15% 的选择率成为受众接触城市形象传播最频繁的媒介之一。依次排在电视媒体之后的为公交车身、地铁媒体（44.85%），户外媒体（36.03%），广播媒体（26.47%），报纸媒体（24.26%）和杂志媒体（20.59%）（见图 2-1）。

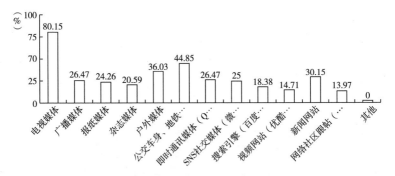

图 2-1　通过何种媒体接触北京城市形象传播信息
资料来源：作者根据问卷调查表回执整理。

（二）各类新媒体在城市形象传播中的信息扩散模式

1. 即时通信媒体（例如 QQ 及微信的部分功能）在城市形象传播中的使用概况

把城市形象传播放置于新媒体环境中进行考察，不能忽视对即时通信媒体的关注与使用，无成本的个人化信息传播在信息传递过程中的频度、广度以及影响程度均在扩展。

从根本上来讲，正如丹麦学者克劳斯·布鲁恩·延森（Klaus Bruhn Jensen）在其《媒介融合：网络传播、大众传播和人际传播的三重维度》中提出的："从历史学和传播理论的角度来看，人类本身就是一种媒介，人的身体是一个多功能的物理平台，就其本身而言是一类充分且必要的传播物质条件。在社会化及文化涵养的影响下，人的身体进而成为兼备生产性与接收性的传播媒介。"① 他将人的身体及其在工具之中的延伸定义为第一维度的媒介（media of the first degree），认为其"不仅将现实与可能的世界具象化（externalize）"，而且"赋予我们每个人彼此交流与传播的能力，以实现思考和工具性目的"。在他的论述中，其他的媒介不过是拓展了人体机能及其传播能力，这一认知也正是麦克卢汉经典理论中"媒介即人体的延伸"的意涵。

自新媒体发展之初起，即时通信媒体就在新媒体格局中占据了极为重要的位置，从最初希望通过借助即时性、便捷性的即时通信媒体实现媒介化的日常生活交谈，用以维系或者拓展家庭、朋友、同事、社群关系，逐渐演变成更为复杂的心理和社会使用，甚至存在为了攀比数量而结交好友，通过拓展个人的影响范围来树立个人地位。将过去强化个人社会资本的愿望迁移到网络世界中，缔结了广阔的网络朋友圈，并通过选择、传播特定的信息作为个人"展示"的途径，它一方面是与现实世界中所扮演的受到一定制度规范和价值观设定的社会角色相关联，是社会"角色"投射到新媒体中的映像；另一方面，它又在虚拟世界中，较少受到社会规范和现实角色扮演所受的限制。通过对传播文本选择、传播叙事方式倾向性选择等途径在网络赋予的构建自我权力的施行下重新"书写自我"②，而较少

① 〔丹麦〕克劳斯·布鲁恩·延森（Klaus Bruhn Jensen）：《媒介融合：网络传播、大众传播和人际传播的三重维度》，刘君译，复旦大学出版社，2012，第 69 页。

② 〔加〕马修·弗雷泽、〔印〕苏米特拉·杜塔：《社交网络改变世界》，谈冠华、郭小花译，中国人民大学出版社，2013，第 46 页。

受到社会规范的控制和影响。总而言之，即时通信媒体已经成为缔结社会关系、形成社会影响的重要媒介之一。

截至 2017 年 12 月，网络即时通信用户规模达到 7.20 亿，较 2016 年底增长 5395 万，占网民总体的 93.3%。手机即时通信用户 6.94 亿，较 2016 年底增长 5562 万，占手机网民的 92.2%。①

而移动互联网的发展使得即时通信媒体在使用时间、使用条件等的便利性上相比传统的互联网使用更胜一筹，根据目前受众媒介使用的习惯，城市形象传播若想在受众群体中产生广泛的影响力，对即时通信媒体特别是针对移动互联网开展的传播活动应是必不可少的部分，它决定了在受众中话题的形成、流动、群体意见的构建乃至通过话题和意见形成的对社会关系的建构等深层次的传播意义。

人们随时随地都在进行的信息交流和信息分享对城市形象传播而言，既是机遇也是挑战。

一方面，即时通信媒体提供给城市形象传播更为快捷的传播平台，相比大范围的信息流通而言，通过人际传播的影响强化了城市形象传播的说服效力。在本研究中展开调查所获取的数据反映，在询问"您通过何种媒体接触北京城市形象传播信息的"时，除了占据主要优势的传统媒体以外，排在新媒体各种类型之首的为新闻网站，占 30.15%，排名第二的为即时通信媒体，占 26.47%。

另一方面，人们所处的环境被大量信息所包围，人际传播间的冗余信息也相应增加，人与人信息交流的效力相对减弱，

---

① 数据来源：第 41 次《中国互联网络发展状况统计调查》。

此外，人际传播所包含的其他信息也对城市形象传播的信息起到了一定的干扰作用，而相对来说，城市形象传播在人际间的交流往往缺乏重复性，也在一定程度上弱化了传播的效果。例如，在调研中，询问"您接触该类北京城市形象传播信息内容的原因"时，"亲朋转发或推荐"所占的比例为12.5%，相比高效率的媒介使用而言，通过即时通信媒体进行的城市形象传播比例并不高，而其中"无意中接触到"的比例占据了41.91%，说明在传播媒介的选择过程中，定向的、有目标的城市形象传播并未能完全有效实现（见图2-2）。

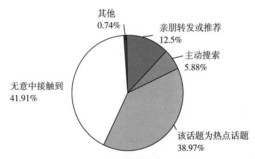

图2-2　受众接触该类北京城市形象传播信息内容的原因
资料来源：作者根据问卷表回执整理。

在调查中，询问"您是否向他人传播过该类信息"时，65.44%的被访者回答"否"，仅有34.56%的被访者回答"是"，反映出用户对于城市形象传播的积极性和主动性并不高，多数人选择不传播，这客观地反映了多数人认为此类信息与自己无关，这也是导致即时通信媒体在城市形象传播中使用率未能与其传播的影响力相匹配的重要原因（见图2-3）。

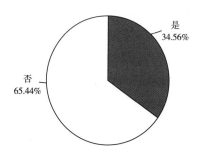

图 2-3　受众是否向他人传播过北京城市形象信息
资料来源：作者根据问卷调查表回执整理。

在选择向他人传播城市形象信息的被调查者中，向他人传播信息的主要渠道排在首位的是即时通信媒体，占 42.55%，显示出即时通信媒体在个体作为传播主体且有传播意愿时所能发挥的人际传播效力（见图 2-4）。

□ 即时通信媒体（QQ、微信聊天等）　▨ SNS社交媒体（微博、人人、微信朋友圈等）
▨ 搜索引擎（百度、google等）　■ 视频网站（优酷弹幕、b站弹幕等）
▨ 网站社区跟帖（知乎、豆瓣、天涯、猫扑等）　■ 其他

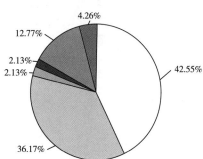

图 2-4　受众通过何种媒介向他人传播北京城市形象信息
资料来源：作者根据问卷调查表回执整理。

为了了解和评估个人作为传播主体在城市形象传播中的传播影响力，调查询问了"您每次向多少人传播此类信息"，结果显示，在接受调查的人中，有 76.6% 的被访者将信息传播给 1~15 人，19.15% 的被访者将信息传播给 15~150 人，4.26% 的被访者将信息传播给 150~1000 人（见图 2-5）。这与人们熟知的"邓巴定律""邓巴数"相吻合，即由英国人类学家罗宾·邓巴在 20 世纪 90 年代初通过对灵长类动物和人类大脑新皮质数目的综合分析得出的结论，任何一个人可以与之维持亲密关系的核心好友圈或"志同道合的组织"往往不超过 12 人，而人们可以与之保持稳定社会关系的朋友的最大数目大约为 150 人。根据邓巴定律，马修·弗雷泽和苏米特拉·杜塔评价道："如果邓巴定律也可以严格适用于虚拟世界时，任何自夸在社交网络上拥有超过 150 个'好友'的人都是在夸大其词。"他们将 Friendster 起初对任何单一会员的"好友"数据限定在 150 人以内也归于对邓巴定律的认知和使用。

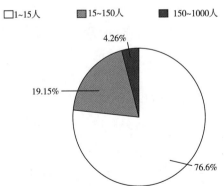

图 2-5 受众每次向多少人传播北京城市形象信息

资料来源：作者根据问卷调查表回执整理。

近80%的被调查者借助媒介将城市形象传播信息传播给1~15人，说明从传播现实情况来看，他们均基本遵循了"邓巴定律"中严格意义上的"亲密关系"数量。这也就意味着通过即时通信媒体进行人际传播基本上依赖在"强连接"关系组，这种"强连接"关系组是我们真正亲密的个人关系，将"我们"和"他们"紧紧关联在一起，他们是我们社会关系结构中最重要的基础和框架。从传播的角度来看，他们对于传播中意见的传递和态度的改变发挥的作用显得更为强势和显著，因此，对于城市形象传播的信息内容而言，把握"强连接"关系在城市形象认知建构和态度设定中的作用是十分重要的。

然而，这并不排斥对人际关系中15人或者150人之外的关系搭建，除了"亲密关系"之外的150人以内的熟人和联系人构成了我们更为广泛的社交网络，是一个相对来说"松散"的社交组群，超过150之外的人，不只是对于个人，而且对于组织而言，都是相对于"强连接"关系而言较"弱"的联系，美国社会学家马克·格兰诺维特（Mark Granovetter）在其《弱连接的力量》（*The Strength of Weak Ties*）一书中，从连接微观和宏观层次的社会理论角度出发讨论了小规模的社会网络的宏观含义，认为人际网络提供了最富有成效的微观宏观桥，通过这些人际网络，"小规模的相互作用"转化为"大规模的模式"，提出"从个人角度来看，弱关系在寻找机会时是一个重要的资源"，"间接接触越少的人越可能会封闭在自己朋友圈的知识世界"，反之，间接接触越多的人越可能拓展自己的知识图景；从一个更宏观的角度来看，通过"弱关系而不是强关系时，任何扩散都可以接触到更多人，扩大社交距离（路径长度）"，"弱关系在影响社会凝聚力方面发挥着作用"，通过发挥个体的人从一个关系网络转到另一个关系网络，并在两个网络之间建立联系，这种"关系桥"就被搭建起来，从而形成了在更多种群之间更精细的弱连接桥，不断促成集体意识的形成。马克·格兰诺维特总结说："这样的连接产生悖论：弱关系，经常被看作一种疏远，但对个人的机遇和他们融入社区都是必不可少的，强连接培育局部的凝聚力，却导致整体的分散。"①结合上述对城市形象传播过程中强连接的论述，强连接在认知建构和态度设定中的作用毋庸置疑，而仅仅依靠强连接并不足够，关注即时通信媒体在城市形象传播过程中对人际关系网络弱连接的使用，是推进城市形象传播扩散范围的重要途径。

2. SNS 社交媒体（例如人人网、微博和微信的部分功能）

（1）权力分散化的 SNS 社交媒体。

马修·弗雷泽和苏米特拉·杜塔在其《社交网络改变世界》中对加入网络空间的个人和组织面临的挑战以及社交网络所提供的社交和合作机会进行了论述，对采用社交网络持有积极和乐观的态度，认为"从革新和机遇的角度看，认识并采用社交网络将会获益颇多"。尽管社交媒体对固有权力结构的冲击造成了权力的分散化，会让一些相对传统和保守的组织潜意识里对社交网络存在强烈的抗拒心理，但显然，以充分利用有利于信息共享和问题解决的协作环境为起点，建立在相互理解和信任基础上的社会互动的 Web2.0，"不仅在社会互动方面越来越有

---

①　Mark S. Granovetter, *The Strength of Weak Ties*, *The American Journal of Sociology*, Vol. 78, No. 6. (May, 1973), pp. 1360–1380.

价值，在作为社会力量有效工具方面也越来越重要了"①。

很显然，这种对社交媒体的顾虑和犹豫已经通过社交媒体自身越来越深入地参与社会生活而被逐渐消解，各类组织在现实中对社交媒体的运用已经越来越频繁，也越来越深入，越来越得心应手。仅以 2017 年网民各类政府服务用户使用率数据来看，支付宝或微信城市服务、政府微信公众号、政府微博等 SNS 社交网络在政府信息公开、城市信息传播等方面发挥了重要的作用（见图 2-6），这表明以政府为代表的权威性组织也关注并适应了新的传播技术带来的传播观念、传播路径和方式的转变。实践也不断证明前文的论述，Web2.0 不仅在社会互动方面越来越有价值，在作为社会力量有效工具方面也越来越重要了，这些社交网络具有重要的实用价值，能自发地将社会行动动员起来，这些网站具有把事情处理好的能力。

相比通常体制权力表现出来的权威性、集中性，以及通常要与强制执行的垂直命令结构相匹配，网络权力更类似迈克尔·曼所提出的水平式的弥散性权力的特征，呈现出普遍性、广泛性并得到协作执行的特点。弥散性权力"以一种更具自发性、潜意识的离心方式在大众中传播开来，而非直接的命令，它同样产生体现权力关系的社会实践"，从社交媒体的社会化使用来看，在社交媒体构筑的网络权力发挥影响力的过程中，并没有因为缺乏权威性、集中性以及强制执行的垂直命令结构而使传播的效力削弱，相反，这种具有自发性、潜意识的离心传

①〔加〕马修·弗雷泽、〔印〕苏米特拉·杜塔：《社交网络改变世界》，谈冠华、郭小花译，中国人民大学出版社，2013，第 11、223 页。

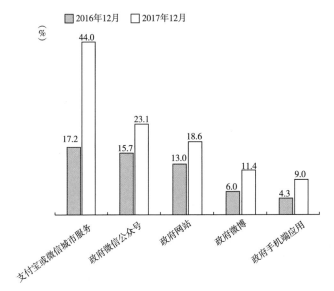

图 2-6 2017 年网民各类政务服务用户使用率

资料来源：CNNIC 中国互联网发展状况统计调查 2017.12。

播方式，同样产生了广泛且显著的传播效果。以新浪微博所统计的"2016 年 1 月至 2016 年 12 月政务微博被转发数 TOP20"为例，例如"共青团中央""最高人民检察院""最高人民法院""深圳交警""平安北京"等权威性组织并没有因其使用社交媒体发布信息并开展信息互动而降低其公信力和权威性，活跃在社交媒体的受众对权威性组织的社交媒体账号和内容也并非抵触与排斥，相反，其粉丝数量及其所发布的微博内容被转发的次数从侧面反映出社交媒体在推动信息公开和不同社会主体间的信息互动以达成更深层次的信息共享和信息共识等方面发挥着积极的作用，而这种自发性的凝聚力或许比强制命令形成的群体的集中性更具有现实的积极意义。

这种自发性凝聚力的形成，从本质上来讲，是源于对大多数人而言，作为社会性动物的人都需要通过与他人进行社会联系来获取安全感，换言之，通过联系、接触、详谈、合作、共谋等种种方式，人们构成一个社交网络，人们在与周围世界联系的过程中不断形成、扩大和维持着这些关系。[①]借助这种关系和联系，权威性组织机构作为一个具有个性特征的"主体"通过社交媒体传播的信息，在展示其"自我属性""性格特征""行为方式"等之外，还在社交媒体平台上与广大的用户缔结成"好友"，并与其"好友"保持联系、进行交谈。与此同时，在社交媒体上发布的信息若能抓住用户的兴趣，就有机会变得炙手可热，甚至可以根据网络营销的影响规律，被口口相传，传播得更远。而用户间建立的社交媒体关系，使得"他们彼此之间互相影响，那些相互认识并存在共同语言的人们之间形成了一种非常特殊且不同的政治言谈和讨论环境"[②]。

（2）SNS社交媒体参与的城市形象传播。

其一，政务类SNS社交媒体对城市形象传播的官方影响。

媒介技术的发展对政府信息传播也产生了显著的影响，以微博为例，截至2016年12月，经过新浪平台认证的政务微博达到164522个，其中政府机构微博125098个（见图2-7）。

---

① 〔加〕马修·弗雷泽、〔印〕苏米特拉·杜塔：《社交网络改变世界》，谈冠华、郭小花译，中国人民大学出版社，2013，第1页。
② 〔加〕马修·弗雷泽、〔印〕苏米特拉·杜塔：《社交网络改变世界》，谈冠华、郭小花译，中国人民大学出版社，2013，第292页。

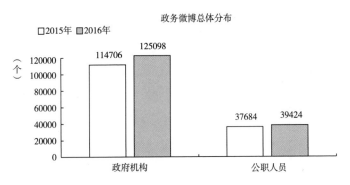

图 2-7 政务微博总体分布
资料来源：作者根据有关资料自制。

截至 2016 年 12 月，主要是政府、公安、团委、交通、司法、旅游等机构开设了政务微博，其中，团委、政府、公安开设的政务微博数量排列在前三位，分别为 36494 个、36089 个和 27881 个，而政府是政府机构类公职人员开通微博数量最多的部门，数量为 33269 个，团委及公安开通公职人员类微博数量较多，分别为 8385 个和 7828 个（见图 2-8），这些政务社交媒体通过在各自领域内的信息公开、信息发布以及与用户之间的信息互动对城市形象的建构发挥或直接或间接的作用，成为城市形象官方传播的重要领域。

由此也不难看出，以微博为例的政务社交媒体使用仍然存在着结构性的偏颇和缺陷，菲利普·科特勒在《地方营销》中强调的城市营销中应包含的重要内容诸如旅游、交通、市政等方面，从目前来看，开通政务微博的数量较少（见表 2-1），这意味着与旅游、交通、市政等相关的信息数量，在整个与城市

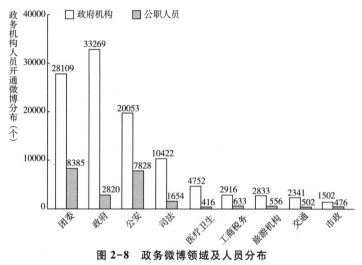

图 2-8　政务微博领域及人员分布

资料来源：作者自制。

形象传播有关的官方渠道的信息发布数量中处于相对较弱的状态，而这恰恰是用户需求较强烈且信息传播较容易引起关注并获得认同的部分，相比宏观信息内容对城市形象的建构，旅游、交通、市政信息与用户的关联更为紧密，从信息内容与城市形象的建构关系来看，其也更为具体和生动，能从更为具体和实际的角度构筑用户对于城市形象的认知和印象。因此，在搭建和使用政务类社交媒体平台过程中，应从整体出发，以宏观的视角构筑有利于促进城市整体形象建构的不同类型的政务社交媒体框架，形成完整的信息传播渠道，实现信息的相互补充，从不同层面满足不同用户的信息需求，借助政务社交媒体的信息传播实现全方位的城市形象官方建构。

表 2-1 北京政务微博 Top5

微博名	微博认证	简介	标签	粉丝数	微博数
平安北京	北京市公安局官方微博	这里是北京市公安局官方微博,在这里您可以了解到北京警方的新闻资讯,欢迎您给我们提出意见和建议	警民互动 北京市公安局 公安 网络发言人	1228 万人	50416 个
北京发布	北京市政府新闻办公室官方微博	传递政务信息,提供群众服务资讯,倾听您的诉求,关注您所关注;爱生活,爱北京	世界城市北京 发布 新闻发言人 艺术 生活 新闻 历史 公交	822 万人	46223 个
交通北京	北京市交通委员会官方微博	传达交通资讯,服务市民出行,倡导文明和谐交通	和谐 文明出行 服务 绿色交通 科技交通 人文交通	526 万人	68731 个
气象北京	北京市气象局官方微博	北京市气象局官方微博,风雨冷暖,气象贴心早中晚为您奉送气象信息、最新预报、灾害天气预警和气象科普知识	生活 气象科普 预警 预报 北京天气	257 万人	33848 个
北京交警	北京市公安局公安交通管理局官方微博	北京市公安局公安交通管理局官方微博,集警务公开、民意征集、便民服务、互动交流于一体	车务手续 安全宣传 交通警察 互动交流 北京交通	450 万人	37448 个

资料来源:作者收集整理自制。

除了官方微博，微信公众平台也成为官方信息发布和与公众进行信息沟通的重要媒介。大多数以党委宣传部和各司宣传部运营为主的官方账号承担着政务公开、地区宣传、旅游推介、公共服务等各项任务，以北京为例，各城区、各街道以及各个职能管理部门都较多开设了微信公众平台，其运营状况和内容，很大程度上取决于该地宣传部的主观能力，因而影响力参差不齐。

2014年9月18日完成微信认证的以"北京市人民政府新闻办公室"为账号主体的微信公众号"北京微博微信发布厅"，在其功能介绍中表示将"传递政府声音，提供服务资讯，倾听社情民意，回应社会关切"，这代表了政务类公众平台的主要传播职责。

对北京东城区、西城区、朝阳区、海淀区、丰台区、石景山区以区委宣传部为账号主体的微信公众号进行搜索，结果如下（见表2-2）。

表2-2 北京城区区委宣传部微信公众号

账号主体	公众号	功能介绍	认证时间
中共北京市东城区委宣传部	"北京东城"	传递政务信息，提供服务资讯，感受东城发展，关注群众所需；爱北京、爱东城，我是"小东"，关注我，诚邀您一起为建设"国际一流的和谐宜居之区"共同努力	2014 年 9 月 28 日

续表

账号主体	公众号	功能介绍	认证时间
中共北京市海淀区委宣传部	"海淀·故事"	有故事的海淀，有故事的人	2014 年 6 月 18 日
	"贝家花园"	讲述贝家花园的历史与传说	2016 年 1 月 5 日
	"悦读海淀"	文化行走悦读海淀	2017 年 3 月 16 日
	"V 海淀"	北京海淀区生活资讯新媒体，最有用、有趣、有料的网络新媒体平台	2017 年 2 月 7 日
中共北京市西城区委宣传部	"西城故事"	北京市西城区百姓宣讲	未认证
中共北京市石景山区委宣传部	"石景山"	北京石景山地区最权威的新媒体平台，传递政府声音，网罗石景山最新、最实用资讯、架起政府与百姓共同的桥梁	2016 年 3 月 16 日
	"北京石景山"	带您了解石景山最新资讯，为您解读热点信息	2015 年 4 月 17 日

资料来源：作者收集整理自制。

　　搜索结果显示，6 个城区中，4 个城区的区委宣传部设立了微信公众号，其中，中共北京市海淀区委宣传部设立的公众号最多，为 4 个，且均通过了官方认证（微信认证是腾讯对公众号主体所提交的主体信息、资质文件的真实性与合法性进行书面甄别与核实的过程，微信认证有效期为一年，每年腾讯及第三方审核机构都将对其资料进行重新审核），其中"海淀·故事"于 2014 年 6 月 18 日通过认证，认证最早；中共北京市石景山区委宣传部设立 2 个公众号，均通过了官方认证；中共北京市东城区委宣传部、中共北京市西城区委宣传部均设立了 1 个公众号，其中，公众号"西城故事"未经认证。未搜索到中共北京市丰台区委宣传部与中共北京市朝阳区委宣传部设立的微信公众号，且以"中共朝阳"为关键词进行搜索时，排名前五位的"V 朝阳""朝阳机关党建""朝阳信访""辽宁朝阳县法律顾问站""微双塔"均为辽宁省朝阳市政府部门设立的公众号，其中，排名首位的公众号"V 朝阳"隶属于中共辽宁省朝阳市委宣传部，其功能介绍为"讲好朝阳故事，传播朝阳声音"，从搜索结果的第六位开始有中共北京市朝阳区委组织部设立的公众号"朝阳党建"、中共北京市朝阳区纪律检查委员会设立的公众号"清风朝阳"、中共北京市朝阳区委党校设立的公众号"中共北京市朝阳区委党校"等，从搜索结果的排位来看，仍有可调整的空间。

对北京大兴区、通州区、房山区、门头沟区、昌平区、延庆区、怀柔区、顺义区、平谷区、密云区 10 个远郊区县以区委宣传部为账号主体的微信公众号进行的搜索结果如下（见表 2-3）。

表 2-3　北京远郊区区委宣传部微信公众号

账号主体	公众号	功能介绍	认证时间
中共北京市通州区委宣传部	"北京通州发布"	这里有通州最新、最权威的政务资讯和服务信息，关注北京通州发布，让我们一同见证这座城市的成长	2016 年 3 月 21 日
	"通州党员学习平台"	通州党员学习平台	2016 年 7 月 18 日

续表

账号主体	公众号	功能介绍	认证时间
中共北京市怀柔区委宣传部	"山水怀柔"	怀柔区官方微信公众平台，每天为网民送上有关怀柔的最新消息，让我们通过微信一起和小伙伴们分享怀柔的美景、美食和美事吧	2014年4月25日
中共北京市昌平区委宣传部	"北京昌平"	传递政务信息，提供服务资讯，倾听您的诉求，真诚期待与您的交流	2015年1月22日
中共北京市门头沟区宣传部	"京西门头沟"	提供最新区内资讯，倾听最真实的百姓声音，回应社会关注	2014年3月28日
中共北京市房山区委会宣传部	"Funhill"房山	这里被称为"'北京人'的故乡，北京城的摇篮"，风景瑰丽、山川秀美，文化底蕴深厚、生态环境良好。本公众号助您了解我区权威政务信息，获取便捷服务信息，感受房山绝美的山河、丰厚的历史、卓越的创造	2015年3月4日
中共北京市平谷区委宣传部	"平谷报抱"	定期推送有关平谷的大小事情，提供生活服务，打造现代平谷人生活信息平台，传递正能量	2017年3月28日
	"平谷百姓故事"	中共北京市平谷区委会宣传部主办，及时发送北京市、平谷区及其他各区县的宣讲活动动态及老百姓身边的感人故事	2015年12月7日
中共密云县委宣传部	"宜居密云"	发布密云政务动态、时政新闻、民生信息、旅游资讯、服务全县群众，汇集民情民意	2014年4月25日

账号主体	公众号	功能介绍	认证时间
中共延庆县委宣传部	"北京延庆"	政务公开、地区宣传、旅游推介及公众服务	2014 年 5 月 21 日

注：密云和延庆于 2015 年 11 月撤县设区。

资料来源：作者收集整理自制。

　　搜索结果显示，除未搜索到大兴区相关结果外，其他 9 个远郊区均由区委宣传部设立了微信公众号，其中，中共北京市平谷区委宣传部与通州区委宣传部均设立 2 个微信公众号，但后者设立的公众号"北京通州发布"和公众号"通州党员学习平台"中，公众号"通州党员学习平台"主要承担党员学习的任务，与通州区信息发布、公众服务、形象宣传等的关联度相对较弱。

　　在各区政府宣传部门设立的微信公众号之外，城市各街道工作委员会宣传部门也都根据所属街道的需求开设了相关的微信公众号，例如以中共北京市西城区金融街街道工作委员会宣传部为账号主体的公众号"金融街"的主要功能为"聚焦金融街民生，发布金融街街情，关注金融街发展，推进金融街服务。欢迎您关注美丽的金融街！"；以中共北京市朝阳区管庄地区工作委员会宣传科为账号主体的公众号"朝阳管庄"的主要功能为"提供管庄新闻，地区热点发布，提供服务信息查询"；以中共北京市西城区委椿树街道工作委员会宣传部为账号主体的"嗨椿树"的功能为"聚焦椿树动态，展现椿树风采，舞动椿树节拍，助推椿树发展，欢迎您关注椿树，走进椿树"；以中共北京市西城区委大栅栏街道工作委员会宣传部为账号主体的公众号"魅力大栅栏"的功能为"带您走进大栅栏，了解大栅栏深厚的历史底蕴与悠久的传统文化，展示大栅栏现今的时尚元素与独特风采，全方位，多角度地呈现魅力大栅栏"；以中共北京市西城区委展览路街道工作委员会宣传部为账号主体的公众号"展览路街道新媒体中西"的功能为"以'连接助力信任'为核心驱动理念，致力于打造专属于展览路街道三位一体（政府、企业、居民）的全新交互平台"；以北京市大兴区荣华街道居民事务服务中心（北京市大兴区荣华街道宣传文体中心）为账号主体的公众账号"荣华街道林肯公园社区居委会"的功能为"及时发布社区各项法规政策，居民可以通过平台了解社区举办的各项活动"等。

北京市新闻单位以及各区县广播电视新闻中心作为专业化的宣传部门，同样在城市信息传播过程中发挥着重要的作用，根据搜索结果，如表2-4所示。

表2-4　北京市新闻单位及各区县广播电视新闻中心微信公众号

账号主体	公众号	功能介绍	认证时间
北京电视台	"北京新闻"	聚焦北京的新闻，着力报道热点民生；关心北京的事儿，时常发布实用信息；专注北京的生活，不断发放大小福利，无论是否身在北京，您需要来自北京的新闻	2017年4月28日
北京人民广播电台	"北京新闻广播"	新闻，资讯，视角，观点……我们在北京	2016年12月30日

账号主体	公众号	功能介绍	认证时间
北京市朝阳区广播电视新闻中心	"北京朝阳"	北京朝阳官方信息平台，带你了解朝阳小城大事，获悉最新民生服务，领略特色人文景观，让你的朝阳生活更精彩，北京朝阳建设与发展，邀你一起来见证	2017年1月22日
北京市海淀区新闻中心	"北京海淀"	权威资讯，贴心服务，搭建政民沟通的便捷平台	2016年8月5日
北京石景山区广播电视中心	"石景山有线电视"	石景山电视台电视新闻、栏目、广告及相关信息发布，服务百姓	2016年8月9日
北京市西城区新闻中心	"北京西城"	负责发送北京市西城区新闻内容	2016年9月28日
北京市昌平区新闻中心	"昌平圈"	北京市昌平区新闻中心主办，发布昌平本地时事新闻、政府信息公告、社区民生动态、生活服务资讯、免费试吃试用、优惠折扣促销、闲置物品置换、社区爆料吐槽等内容，为京北最大的生活圈信息平台	2017年2月22日

资料来源：作者收集整理自制。

　　未能搜索到以北京市丰台区新闻中心与北京市东城区新闻中心作为账号主体的微信公众号。

　　除此之外，许多相关政府部门或事业单位的宣传部也都通过微信公众号加强信息传播力度，加强与公众的信息勾连。表2-5显示了部分单位设立的微信公众号及其主要功能。

表 2-5　北京市政府各职能部门或事业单位宣传部门微信公众号

账号主体	公众号	功能介绍	认证时间
北京市农业局宣传教育中心	"北京农业"	关注北京农业，了解都市型现代农业发展的最新资讯和动态	2014 年 7 月 22 日
北京市司法局法制宣传处	"北京普法"	法制宣传，法治信息，法律服务互动	2014 年 2 月 27 日
政协北京市委员会研究室宣传处	"北京政协"	聚焦北京市政协工作，反映委员真知灼见，为社会各界了解政协提供互动交流等服务	2016 年 3 月 18 日
北京市水务宣传中心	"水润京华"	北京市水务信息官方发布；百姓节水、用水等便民信息查询	2016 年 10 月 21 日
中共北京市委农村工作委员会宣传教育中心	"北京美丽乡村"	"美丽乡村"定位于"沟通城乡、服务三农"，展现北京乃至全国现代农业和新农村建设成就、农村人文与自然景观，传播城乡融合、现代农业理念与绿色健康生活方式；除"三农"宣传外，还介绍和推荐京郊大地及全国特色乡村的"吃、住、行、游、购、娱"的好去处	2016 年 5 月 3 日
北京市环境保护宣传中心	"京环之声"	关注环境、参与环境保护	2017 年 4 月 10 日
北京市交通宣传教育中心（北京市交通行业技师考评委员会）	"绿色出行畅通北京"	公益服务，分享优秀交通出行理念，开展线上交通出行调查，组织线下绿色出行活动，引领绿色低碳出行时尚	2017 年 2 月 23 日

账号主体	公众号	功能介绍	认证时间
北京市文化市场行政执法总队宣传中心（北京市"扫黄打非"办公室宣传中心）	"北京文化执法"	北京市文化市场行政执法总队官方服务平台	2016 年 10 月 28 日
北京市人口和计划生育宣传教育中心	"幸福家庭健康生活"	普及健康、卫生及人口和计划生育政策等知识，提供一站式卫生、计生信息查询服务	2016 年 11 月 16 日
北京市卫生宣传中心	"京华卫生"	原"北京健康播报"改名为"京华卫生"，今后将为您提供更多的健康资讯、新闻事件、政策解读等内容	2015 年 4 月 13 日
北京红十字会宣传中心	"首都红会"	首都红十字核心价值观：勠力同心、立公惠民、积善累德、诚信一流	2017 年 4 月 26 日
北京市食品药品监督管理局宣传教育中心	"食药关注"	本公众号发布国家食药总局和北京食药局网站信息，开展食品药品科普宣传教育，发布食品药品警示信息等	2016 年 7 月 1 日
北京市人民政府国有资产监督管理委员会宣传工作处	"首都国企百姓宣讲"	北京市国资委百姓宣讲公众账号，及时发布宣讲动态、活动进展、宣讲员风采，共享百姓宣讲经验、方法和技巧，创新百姓网络传播方式	2015 年 7 月 31 日
北京市地方税务局纳税服务中心	"北京地税"	为纳税人便捷纳税提供互动交流、涉税查询、税收宣传等纳税服务	2014 年 6 月 5 日

账号主体	公众号	功能介绍	认证时间
北京市公安局新闻办公室	"平安北京"	北京市公安局官方微信	2015 年 3 月 9 日
北京市人民政府防汛抗旱指挥部办公室	"北京防汛"	防汛减灾，北京市防汛办公室与你风雨同行	2017 年 4 月 10 日
北京市公安局公安交通管理局	"北京交警"	让我们共同聆听"好声音"，凝聚"正能量"，打造"微警务"，服务大民生	2014 年 9 月 23 日
北京奥运博物馆	"北京奥运博物馆"	让 2008 北京奥运在这里继续，让"更快、更高、更强"的奥林匹克精神在这里传承	2017 年 3 月 8 日

资料来源：作者收集整理自制。

　　整体上来看，上述政务类社交媒体中传播的主要内容包含政策宣传、城市规划、新闻热点、民生服务等，以官方话语的形式进行信息发布，构建了北京城市形象传播官方性质的常态，也成为搭建城市形象整体框架的重要信息来源。

　　此外，走红于社交网络、被群众所熟知的"朝阳群众""西城大妈"等也通过各种官方渠道，不断在社交媒体上发布各类相关信息，强化其作为城市形象组成部分的建构作用。

　　例如走红网络的"朝阳群众"。

　　2013 年 8 月微博红人薛蛮子被警方抓获后，"平安北京"发布消息称："2013 年 8 月 23 日，根据群众举报，朝阳警方在安慧北里一小区将进行卖淫嫖娼的薛某（男，60 岁）、张某（女，22 岁）查获。"这是"朝阳群众"立得的首功。从此之后，"朝阳群众"的出镜频率与蹿红速度直线飙升。从 2014 年开始，房祖名、柯震东、李代沫、宁财神、毛宁、尹相杰、王学兵和王全安等，均遭北京朝阳群众举报后被警方查处。无论是引起社会舆论关注的明星涉毒案件，还是发现路边以猜瓜子方式进行诈骗的治安警情，因"朝阳群众"举报而被警方打击惩治的案件已不胜枚举，"朝阳群众"已成为社会治安的重要力量。

从官方态度来看，自 2015 年 3 月公布实施《群众举报涉恐涉暴线索奖励办法》以来，北京警方共发放 40 余万元涉恐涉暴线索举报奖金，以鼓励市民争当"朝阳群众"。2015 年 5 月以来，警方已向 6 名举报涉恐涉暴线索的群众发放了 2.6 万元奖金。6 条线索中，包括举报个人私藏枪支、通报形迹可疑人员、协助调查可疑情况等，举报群众还在警方核查线索、发现查找嫌疑人时积极提供帮助，配合警方提前消除了安全隐患。北京警方相关负责人表示，下一步，对经核实有价值、有实际作用的涉恐涉暴情况、线索，警方将按照"重奖、快奖、多奖"的原则进行现金奖励，以鼓励市民争当"朝阳群众"。

官方统计，截至 2015 年 12 月，北京市实名注册治安志愿者已突破 85 万人，其中仅"朝阳群众"2015 年就向公安机关提供情报信息线索 21 万余条，帮助破案 483 起，其中涉及吸毒贩毒线索 851 条。北京警方官方微博评价道："朝阳群众很神秘，因为警方会保护举报人的隐私，因此就不要刨根问底了；朝阳群众很可爱，因为他们疾恶如仇，耳聪目明；警方工作离不开大家的支持和配合，不论是案件线索收集还是交通、消防、治安隐患排查，大家都可以成为'朝阳群众'。"

"朝阳群众"在微博上走红，相关话题阅读量已突破 5000

万。引起的不仅仅是大众对社会名人吸毒嫖娼的热议，更是对"朝阳群众"的好奇和点赞。2017年3月31日，朝阳警方宣布，经过两个月的试运行，"朝阳群众"App已完成测试，正式上线运行。而提供违法犯罪线索的"掌上"途径、搭建"智慧公安服务群众"的互动平台，是"朝阳群众"App两个最大的特色和亮点，试运行的两个月有5万余人注册

　　走红于网络，反哺于现实，"朝阳群众"成了北京人的缩影。古道热肠、充满正义感、不畏危险的形象深入人心。这不仅是朝阳群众的精神，更代表了新一代北京人的精神，宣传了北京积极正面的形象。

　　资料　　　　　　　　北京朝阳群众

　　北京朝阳群众，也称朝阳群众。

　　来自中国首都北京朝阳区的居民，曾参与破获多起明星吸毒等大案、要案，被网友称为"朝阳群众"。

　　2013年8月，微博红人薛蛮子被警方抓获后，"平安北京"发布消息称："2013年8月23日，根据群众举报，朝阳警方在安慧北里一小区将进行卖淫嫖娼的薛某（男、60岁）、张某（女、22岁）查获。"从此之后，"朝阳群众"的出镜频率与蹿红速度直线飙升。

　　因此，有热心网友列出了世界五大王牌情报组织：CIA——中情局，KGB——克格勃，MOSSAD——摩萨德，MI6——军情六处和BJCYQZ——北京朝阳群众。

　　从2014年开始，李代沫、张元、宁财神、张耀扬、高虎、尹相杰、王学兵和王全安等，均遭北京朝阳群众举报，

后被警方查处。

2014 年 8 月 14 日，房祖名、柯震东因涉嫌吸毒被抓，警方在房祖名住所内搜到 100 多克大麻，二人对吸食毒品大麻的违法行为供认不讳。房祖名涉嫌容留他人吸毒罪被刑拘。2014 年 9 月 10 日，北京市公安局东城分局以房祖名涉嫌容留他人吸毒罪提请北京市东城区人民检察院审查批捕。2015 年 1 月 9 日，房祖名涉嫌"容留他人吸毒罪"案在北京市东城区人民法院第二法庭正式开庭，法院当庭做出判决，房祖名构成容留他人吸食毒品罪，判处有期徒刑六个月，并处罚金人民币 2000 元。

2015 年 4 月下旬，有群众向警方举报称王某持有枪支，接到举报后，警方迅速核查线索，将嫌疑人王某抓获，并在其住所起获左轮手枪及子弹。5 月中旬，王某因涉嫌非法买卖枪支罪被依法刑事拘留。按照规定，北京警方对该群众予以 3000 元奖励。

2015 年 5 月，北京警方再接群众举报，在某小区抓获一携带冰毒的男子。该男子是中央某部委副处级干部，还未来得及吸食毒品就被民警抓住。

2015 年 6 月，崔某和男友李某花 10 万元购入 1 公斤毒品进京销售，被朝阳群众举报，随即被警方查获。李某、崔某因涉嫌非法持有毒品罪被朝阳警方依法刑事拘留。

2015 年 11 月 12 日，根据朝阳群众举报，北京市公安局禁毒总队会同朝阳分局在朝阳某小区内，将涉嫌非法持有毒品的嫌疑人尹相杰抓获，现场起获少量毒品及吸毒工具。经检测，该人尿检呈苯丙胺类阳性。经初步审查，该人对其吸食毒品及非法持有毒品的违法事实供认不讳。

2015 年 11 月 27 日，朝阳群众又立新功。根据《法制晚报》快讯，某 47 岁辽宁籍歌手吸毒被朝阳警方抓获。知情人士透露，该歌手正是演唱《涛声依旧》的毛宁。

2016 年 2 月 26 日 11 时 30 分，北京警方根据群众举报，将在朝阳区亮马河某公寓内吸食毒品的傅艺伟查获，同时抓获的还有黑婧环、付意敏 2 人。

2016 年 3 月 27 日，福建省厦门市同安区警方接报，在翔安区马巷镇五星村元威殿夫人宫巷子口经常有一伙人进行毒品交易。警方在通报案情时表示，举报线索来自一位北京市朝阳区的群众。

2016 年 10 月 13 日，民谣歌手宋冬野因涉嫌吸毒，在北京朝阳区被警方抓获。

2015 年 9 月，北京警方通过官方微博"平安北京"推出民警原创设计的"朝阳群众"和"西城大妈"卡通形象，并制作卡通形象文化衫，与反恐宣传品一起赠送给积极参加活动的热心网友。

此外，以"北京市西城区社会治安综合治理委员会办公室"为账号主体的"北京西城大妈"微信公众号，同样利用了来源于社交媒体的"网络红人"，并以此作为开展现实工作的平台，其功能与"朝阳群众"具有一致性。

其二，非政务类官方 SNS 社交媒体对城市形象传播的影响。

以政府机构之外的其他机构类主体开设的非政务类官方社交媒体也同样在城市形象传播方面发挥着重要的作用。

其中一类，是以城市旅游为主体的社交媒体。例如，故宫于 2015 年开设了"故宫博物院官方微博"（见图 2-9），开通 17天，粉丝数目就突破了 158 万。故宫作为北京地表性建筑之一，在一定程度上也代表了北京文化的形象，作为一个文教类微博，其微博语言幽默大气、深沉儒雅，内容涵盖藏品介绍、城墙历史、故宫背后的故事等多方面，充分满足了不同受众的需求。在普及知识的同时也提供了门票预订服务，使参观故宫成为一件简单的趣事。

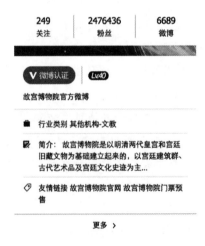

图 2-9　故宫博物院官方微博

故宫博物院作为一个官方媒体，与网友的互动十分密切，小编会亲自回复网友的评论，赢得了网民的好感。冬天下雪的时候，故宫博物院会发布一组故宫雪景，画面韵味十足、精妙绝伦，适时地宣传了故宫形象。此外，以"故宫博物院"为账号主体的"微故宫"微信公众平台，以及以"北京故宫文化服务中心"为账号主体的"北京故宫文化服务中心"微信公众平台，立足于"博物馆文化推广与公共服务"，积极"发布文化产品信息，近期活动详情"等，更加丰富了社交媒体宣传的内容和形式，也将地标性旅游景点与城市文化、城市形象更为紧密地结合起来。

此外，其他机构开设的社交媒体账号也不断充实着城市形象传播的内容。

第一类为旅游服务机构开设的旅游服务类的社交媒体账号，例如，以"北京市旅游咨询服务中心"为账号主体的"北京旅游"等。

第二类是以媒体公司开设的信息服务账号，例如，以"北京搜狐新媒体信息有限公司"为账号主体的"衣食住行在北京"微信公众号，以"北京千龙新闻网络传播有限责任公司"为账号主体的、其功能为"介绍北京及周边吃、住、行、游、乐、购等相关资讯"的"玩在北京"微信公众号等。

第三类为各类公司企业开设的与城市生活相关的生活服务类账号，大多以吃、喝、玩、乐为主体内容。例如：以"北京友邻通科技有限公司"为账号主体的"北京都市生活服务平台"微信公众号，其功能为"更懂北京、更懂生活的一个北京生活平台"，以"深圳市多易得信息技术有限公司"为账号主体的"北京潮生活"其功能为："千年帝都！世界城市！北京，怎能不爱你？爱北京请关注'北京潮生活'，了解北京的一切一切！这里有地道的北京美食攻略、游玩攻略，精彩的本地线下活动，当然还有让人流口水的粉丝专享福利！总之，关注'北京潮生活'，一定会让你的生活更加精彩！"以"深圳市康汇峰邦网络科技有限公司"为账号主体的"北京生活全资讯"，以"北京创客互动科技有限公司"为账号主体的"吃喝玩乐在北京"微信公众号，以"上海错觉文化传播有限公司"为账号主体的"北京 V 生活"微信公众号，以"北京移联天地科技公司"为账号主体的"北京人不知道的北京事儿"微信公众号，以"深圳市飞雪亭贸易有限公司"为账号主体的"北京生活前沿"微信公众号等。

第四类为针对特定群体的社交媒体，例如"外国人在北京""福建人在北京""湖北人在北京""山东人在北京"，还有"河南在京务工创业人员服务中心"（河南人之家）开设的"北京河南人之家"等。

其三，其他社交媒体与城市形象传播。

社交媒体带来的社会地位及话语结构的变化，让更多的人拥有了掌握话语的权利，并不断地通过自己的话语表达影响和改变着自身以及周围的环境。有人将这样的社会结构描述为后现代的"水平社会"，即建构起了一种在自主意识支配下能够自由表达话语的社会。在这种相对具有公平话语权利的 Web2.0 时代，社会化媒体对个人和组织的赋权基本公平，且在信息传播中，传播者可以通过"长尾效应"获取益处，这种益处可能是个人化的、经济的，也可能会对社会管理、社会结构等诸多方面产生影响。更重要的是，社交媒体上"长尾效应"的实现，不仅是可用的，而且常常是无成本的，却具有巨大的收益潜质，为每一个传播者带来了甚至超越其预期的收益效果。

在与城市形象传播相关的其他主体开设的社交媒体账号，

以及经由社交媒体传播的对城市形象产生深远影响的特殊事件均例证着上述论述。

例如，以"知名本地博主""微博本地资讯博主（北京）"作为认证标签的微博账号"吃喝玩乐在北京"是一个全方面展示北京的平台，不仅包括吃喝玩乐信息的播报，也有关于北京的新闻报道，为网友全面介绍北京最具特色的吃、喝、玩、乐、游、购等信息，此后又开通了"吃喝玩乐在北京"的微信公众号，仅微博就积攒了约268万粉丝，将人口红利转化成了显著的注意力经济。

社交媒体兴起促成的"社群"对社会发展的方方面面产生了深刻的影响。勒庞认为，从平常的含义上说，"群体"一词是指聚集在一起的个人，无论他们属于什么民族、职业或性别，也不管是什么事情让他们走到了一起。但是，勒庞认为，从心理学的角度看，"群体"一词又有着一种十分不同的重要含义。在某些既定的条件下，并且只有在这些条件下，一群人会表现出一些新的特点，它非常不同于组成这一群体的个人所具有的特点。聚集成群的人，他们的感情和思想相同或相近，他们自觉的个性消失了，形成了一种集体心理，它无疑是暂时的，然而它确实表现出了一些非常明确的特点。这些聚集成群的人进入了一种状态，成为一个"心理群体"，形成了一种独特的存在，受群体精神统一定律的支配。①

不得不说，勒庞对于群体的认知已经十分贴合我们所处的

---

① 〔法〕古斯塔夫·勒庞：《乌合之众：大众心理研究》，冯克利译，中央编译出版社，2014，第5页。

图2-10 "吃喝玩乐在北京"微博

这个时代的群体特征。特别是在社交媒体关系中的"社群"已抛弃了地缘关系和社会关系的束缚，"通过相近的文化和历史背景"，"基于共同的特征和性质"，"进行情感和思想交流"，"亲密的传播和沟通、广泛的参与与共享行为，也突出了文化和情感因素的作用"①。由"社群"聚合而形成具有一定影响力的传播特征主要表现在三个方面：聚合力和裂变效应是社群的外在传播特征，情感价值是社群的内在传播特征，自组织传播和协作是社群运行和发展的核心逻辑，这是"基于一定的传播媒介聚合到一起，进行信息传播、情感交流、文化和价

---

① 金韶、倪宁：《"社群经济"的传播特征和商业模式》，《现代传播》（中国传媒大学学报）2016年第4期。

值共享的群体"。① 事实上，类似"吃喝玩乐在北京"一类的与城市形象关联紧密的社交媒体，在获取自身传播收益的同时，对城市形象传播也具有一定的推动和促进作用。

图 2-11　"喝玩乐在北京"微信公众号

大体来看，非政府类账号的信息内容以娱乐美食、民生热点、新闻交通为主。相比官方信息，草根红人的账号从账号名称到传播内容及形式更具地域特点，例如"胡同里的侃爷""北京四九城""皇城根儿胡同串子"等。有时，这些社交媒体红人发布的信息内容也会涉及与城市形象相关的内容，并可能在社交媒体引发大量用户的参与或热议。

---

① 金韶、倪宁：《"社群经济"的传播特征和商业模式》，《现代传播》（中国传媒大学学报）2016 年第 4 期。

例如，"微博搞笑排行榜"的微博话题"别人对你的家乡有哪些误解"就是一个很好的案例。

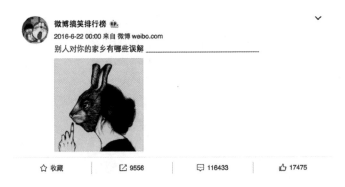

☆ 收藏　　　　　✐ 9556　　　　　💬 116433　　　　　👍 17475

图 2-12　微博搞笑排行榜"别人对你的家乡有哪些误解"话题

"微博搞笑排行榜"是新浪微博的红人，也是与粉丝互动性最强的博主，该博主会在每天凌晨准时发布一个话题，会有很多网民参与其中，每个喜爱微博的人或多或少都会看过他发布的话题。2016年6月22日，他发布了一条微博——"别人对你的家乡有哪些误解"，引发网友的热烈讨论，评论数达到116433条，在一些热门评论的下方还会有上万条的互动评论。

这条微博虽然不是针对某一座城市的宣传，却在一定程度上引起了网友对城市特点的关注。普通网友对一座城市的看法有时会是对这座城市最根本的解读，通过综合普通人的评论来了解一座城市，有利于打破固有的偏见。一些地方性、区域性的官方微博也参与了讨论，在与网友的互动中，以最轻松愉悦的方式推广了自身的城市形象。

以新媒体作为宣传渠道进行城市形象宣传的最主要特点就

是互动性强，传播者与受众可以进行直接的交流反馈，且相对透明。如今，许多地方的城市媒体开始尝试亲民路线，在一些热门微博下表达自己的看法与立场，积极与网友互动交流，这也是一种对自身城市形象的树立与宣传。

除此之外，还应注意的是，任何媒介更为"宽松"的开放性和自由度都是一把双刃剑，社交媒体上的信息传播也同样会出现难以预料的突发状况。一方面，在社群推动下发生的网络话语事件层出不穷，在促成对事件真相挖掘、推动事件处理流程等方面发挥了重要的作用；另一方面，作为事件中的地域指代符号，与事件相关的城市形象也会遭受相应的冲击和影响。因此，如何通过策略性的事件处理妥善引导舆论、消解对地域符号的冲击，同样也是值得关注的问题。

例如，2017年1月24日，微博名为"琳哒是我"的网友在微博上讲述了2016年11月11日自己（董女士）和朋友在丽江旅游时的遭遇。当时董女士和另外两个朋友在丽江古城的一家烧烤屋吃饭，在那里与一群男子发生言语冲突，随后，遭到这群男子殴打。施暴者还拿碎酒瓶划伤了董女士的脸部，并在拍摄视频威胁后扬长而去。微博中，董女士展示了自己的伤情：从鼻梁骨到嘴角都缝了针，身上也有多处血迹。董女士声称自己在报案过程中遭到了不公正对待，呼吁网络还她公道。微博发出后，两天时间内的阅读量将近2亿次，5万名网友参与讨论。网友们在表示同情受害者之余，也对丽江的治安状况表示了担忧。很多网友纷纷留言表示，"一辈子不会去丽江""将丽江划入黑名单"。虽然有关这一事件的微博发出后第二天，丽江古城宣传部就通过微博发声，表示丽江打人抢劫事件已经引起当地政府的高度重视，将在第一时间向社会公布调查进展，同时组织纪检、法院、检察院等相关部门启动执法监督。但这个事件仍对丽江的旅游业造成冲击。也因为这件事情的社会反响，国家旅游局于2月25日召开新闻发布会，对包括云南省丽江市丽江古城景区在内的3家5A级旅游景区做出严重警告处理的决定。其中，云南省丽江市丽江古城景区存在的问题主要是：游客投诉率长期居高不下，游客人身财产安全受损事件频发，屡屡造成严重社会不良影响，古城内居民与旅游经营人员矛盾突出，景区产品质量下降，旅游设施品质退化等。这个严重警告对丽江旅游业的打击不小，人们都希望丽江古城能加紧整顿，还人们一个静谧安然的古城。

显然，丽江作为事件中的地域符号受到了较大的冲击和负面影响，对于城市形象传播而言，在事件后续处理的过程中，不恰当的信息传播会加剧事件的负面性，这是城市形象传播中的重要课题，在本研究中也将对此课题进行专门论述。

3. 搜索引擎（例如百度、Google）

（1）搜索引擎在城市形象传播中的使用概况。

搜索引擎指自动从因特网收集信息，经过一定整理以后，提供给用户进行查询的系统。它们都是通过从互联网上提取各个网站的信息（以网页文字为主）而创建的数据库。检索与用户查询条件匹配的相关记录，然后按一定的排列顺序将结果返回给用户。

《社交网络改变世界》一书的作者马修·弗雷泽和苏米特拉·杜塔描述了2001年"Web1.0"在空前繁荣之后归于幻灭的那场互联网泡沫灾难被脱颖而出的谷歌所挽救的经过，谷歌将互联网转变为网络平台，并产生了"Web2.0"的概念，互联网已不再仅仅是一种发布信息、发送电子邮件和出售书籍的"推媒"，本质上它正转变为运用创造力和集体智慧的动态网络。①搜索引擎不仅改变了个人收集信息的生活方式，也对社会生活、社会经济等产生了深远的影响。据第 39 次互联网发展报告显示，2015～2016 年，中国网民各类互联网应用使用率中，搜索引擎高居第二位，网民使用率达 82.4%。

有学者认为，网络搜索的频度和在社交媒体中被提及的次数，可以被视作民众关注热点和整体思潮的再现：被网络使用者搜索次数越多、被提及次数越多，就证明当前对该城市的关注度越高。因此，基于互联网数据，可采用语义学中的语料库词频分析方法作为测量城市当前关注度的工具。词频方法让我们可以从无结构的海量数据中提取和转化出时间轴上有结构的数据，通过一定区域内和一定时间段中针对某关键词实际搜索数与平均搜索数之间的比例关系反映关注度。通常认为它能够表明某关键词对比当期平均搜索数量的相对上升/下降比例和时间序列的变化情况。②

以北京为例，从整体上看，百度指数显示的关键词搜索数量整体上较为平稳，PC 端搜索数据从 2006 年开始增长，2011～2012 年开始略有下滑，这也正好印证了移动端从 2011 年开始，

---

① 〔加〕马修·弗雷泽、〔印〕苏米特拉·杜塔：《社交网络改变世界》，谈冠华、郭小花译，中国人民大学出版社，2013，第 2 页。

② 吴青熹、陈云松：《我国城市国际关注度的总体结构与特征——基于互联网搜索引擎和社交媒体的大数据分析》，《南京大学学报》（哲学·人文科学·社会科学版）2015 年第 5 期。

搜索数据逐年增长，移动用户数量开始逐渐分流 PC 端用户数量。其中的峰值，与特定热门事件相关，例如 2012 年 3 月法拉利事件，以及 7 月北京暴雨等。

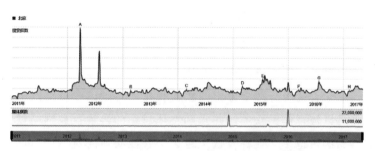

图 2-13　关键词"北京"百度指数整体趋势

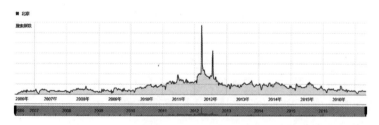

图 2-14　关键词"北京"百度指数 PC 端趋势

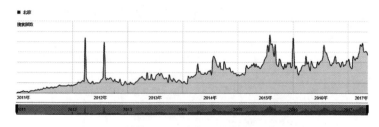

图 2-15　关键词"北京"百度指数移动端趋势

　　此外，对比北京、上海、广州、深圳四个城市，也能通过搜索数据反映各个城市受关注程度的差异性。北京和上海是四个城市中受关注度较高的，深圳和广州次之，但特定事件也能引起城市关注度的突然增高，但当事件造成的脉冲式影响消除后，关注度又重新回落到正常水平。

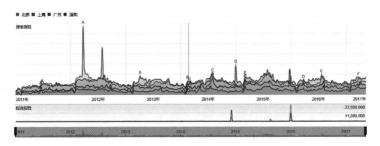

图 2-16　北京、上海、广州、深圳百度指数趋势对比

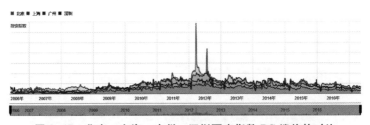

图 2-17　北京、上海、广州、深圳百度指数 PC 端趋势对比

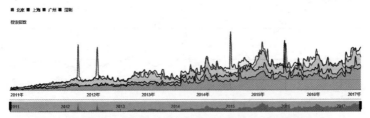

图 2-18　北京、上海广州、深圳百度指数移动端趋势对比

（2）话语事件中城市关键词的脉冲式增加。

如前所述，话语事件的发生会引起城市关注度的脉冲式增加，以青岛"大虾事件"、三亚"宰客门事件"、北京"地铁骂人事件"、山东"聊城事件"、丽江"打人事件"、西安"地铁电缆事件"为例进行数据搜索，结果见图 2-19～图 2-44。

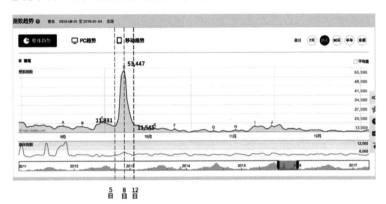

图 2-19　关键词"青岛"百度指数

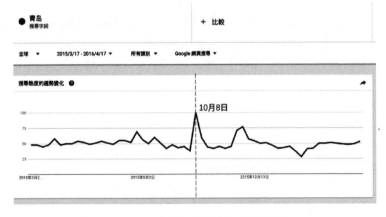

图 2-20　关键词"青岛"谷歌趋势

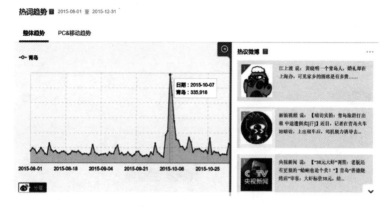

图 2-21 关键词"青岛"新浪微博热词趋势及热议微博

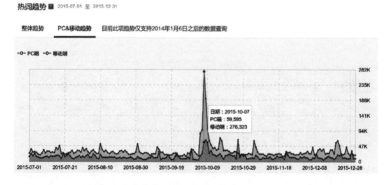

图 2-22 关键词"青岛"新浪微博 PC 端与移动端热词趋势对比

其一,2015 年 10 月 4 日青岛"大虾事件"。

百度指数显示,青岛关键词日常搜索量为 11500 次左右。
10 月 5 日微博披露青岛"天价大虾事件"后,青岛关键词搜索量呈直线上升趋势，在 10 月 8 日达到 53447 次搜索顶峰，12 日回落到 11545 次。与之相似，谷歌指数也显示在 10 月 8 日达到峰值。

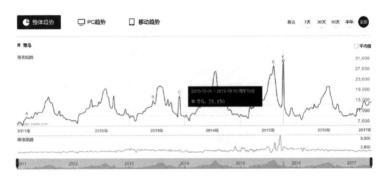

图 2-23　关键词"青岛"2011 年～2017 年百度指数

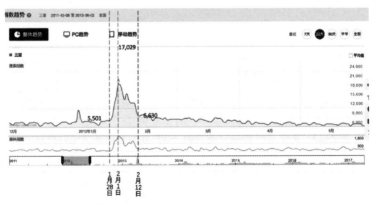

图 2-24　关键词"三亚"百度指数

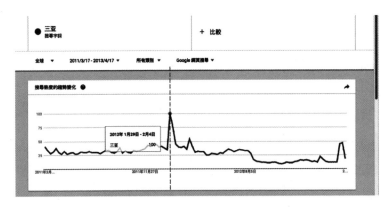

图 2-25　关键词"三亚"谷歌趋势

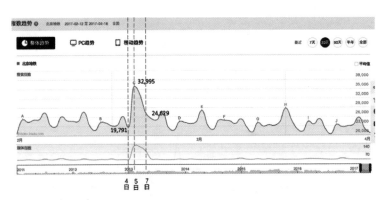

图 2-26　关键词"北京地铁"百度指数

　　从新浪微博热词趋势来看，搜索的峰值在 10 月 7 日，且移动端的峰值相比 PC 端不仅数量更大，而且出现峰值的时间也更早一些。从热议微博来看，大多与事件关联度高，对事件的发展也起到一定的助推作用。

对比 2011 年至 2017 年百度指数的全部数据，以"青岛"作为关键词的搜索曲线基本有规律可循，作为海滨旅游城市，每年夏季和 10 月，青岛的搜索数量均会有相应增加，但从数据中也能明显发现青岛"大虾事件"对搜索量的影响，改变了搜索的日常轨迹，这也提示我们应关注话语事件对城市形象的影响效力。

其二，2012 年 1 月 28 日三亚"宰客事件"。

百度指数显示，三亚关键词日常搜索量为 6000 次左右。1月 28 日微博披露三亚"宰客事件"后，三亚关键词搜索量在 2月 1 日直线上升至 17029 次，随着事件的不断发酵，搜索量减速缓慢，直至 12 日才回落到 6630 次。谷歌指数也显示相同趋势。

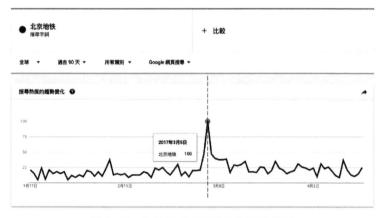

图 2-27 关键词"北京地铁"谷歌趋势

其三，2017 年 3 月 5 日北京"地铁骂人事件"。

百度指数显示，北京地铁日常搜索量为 20000 次左右。

2017 年 3 月 5 日微博披露"地铁骂人事件"后，北京地铁搜索量上升至 32995 次，7 日回落至 24629 次。谷歌指数显示的趋势与之相同。

图 2-28 关键词"北京地铁"新浪微博热词趋势

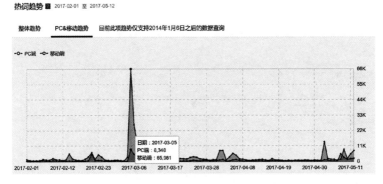

图 2-29 关键词"北京地铁"新浪微博 PC 端与移动端热词趋势对比

其四，2017 年 3 月 23 日山东"聊城事件"。

百度指数显示，事件曝光前，山东聊城搜索量每日为 650

次左右。3 月 23 日《南方周末》报道"聊城事件"后，聊城搜索量飞速增长，3 月 26 日已上升至 12974 次，而随着社会关注度持续增长，28 日再次出现小高峰至 11310 次。直至 30 日，搜索量逐渐趋于平稳，但关注度与搜索量仍持续高于事件报道前。谷歌指数未记录山东聊城或聊城搜索信息。

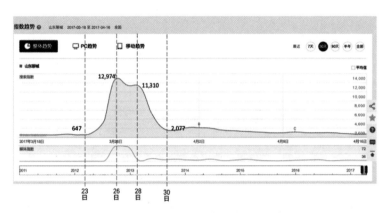

图 2-30　关键词"山东聊城"百度指数

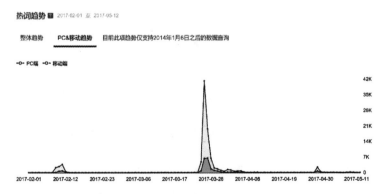

图 2-31　关键词"山东聊城"新浪微博 PC 端与移动端热词趋势对比

　　从 2011 年至 2017 年"山东聊城"关键词百度指数显示的数据来看，相比日常搜索量较大的城市，日常搜索量较小的城市，在话语事件发生过程中，搜索数据的变化更为明显，若事件属于负面事件，对城市形象的负面影响也更为显著。

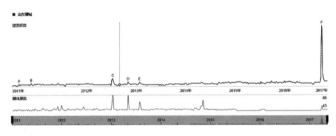

图 2-32　关键词"山东聊城"2011～2017 年百度指数

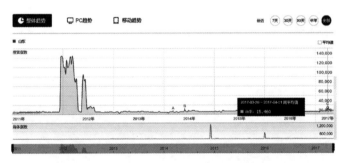

图 2-33　关键词"山东"2011～2017 年百度指数

　　并且，日常搜索量较小的城市，因人们对其认知度较低，往往在发生话语事件时需要附加上一级地域的名称，比如"聊城"前加上"山东"，而提及青岛"大虾事件"时却较少将"山东"附加在前，因此，添加上一级地域名称的搜索结果，会使得事件影响的覆盖面更广。以 2011 年至 2017 年"山东"作为搜索关键词的数据显示，"山东"确实受到"山东聊城"的影响，在 2017 年 3 月 26 日至 2017 年 4 月 1 日期间出现了一个小的搜索高潮。

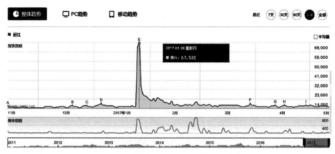

图 2-34 关键词"丽江"百度指数

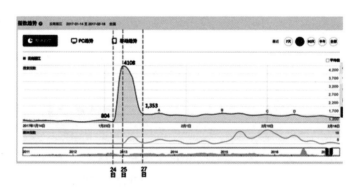

图 2-35 关键词"云南丽江"百度指数

其五，2017 年 1 月 24 日云南丽江"打人事件"。

2017 年 1 月 24 日，"琳哒是我"在微博讲述自己在丽江旅游被打事件后，"丽江"百度搜索量由日常 8000 次左右迅速增长，1 月 25 日增加至 6 万多次，26 日达到顶峰，数量至近 7 万

次，"云南丽江"搜索量从日常 800 次左右增长至 4108 次，27
日归于平缓至 1353 次，"云南丽江"搜索量也持续高于事件曝
光前，可见公众对于丽江关注度的提升。与此相同，谷歌趋势
也在这一时间内达到峰值。

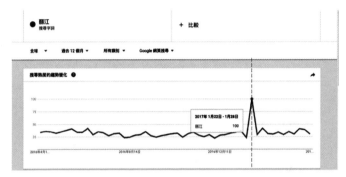

图 2-36　关键词"云南丽江"谷歌趋势

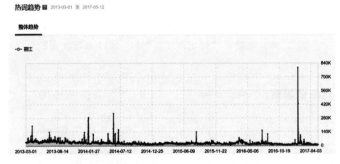

图 2-37　关键词"丽江"微博热词趋势

如前所述，当一个城市认知程度较高，搜索时就较少附加
其他地名，例如，以"丽江"作为关键词的搜索数量要远远高

于"云南丽江"，在事件发生时，"云南丽江"的搜索量低于"丽江"关键词的搜索。而"云南"的搜索量并未受到事件的太大影响，保持了搜索的常态。

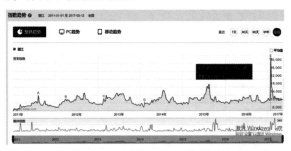

图 2-38　关键词"丽江"2011~2017 年百度指数

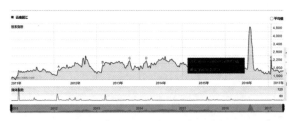

图 2-39　关键词"云南丽江"2011~2017 年百度指数

图 2-40　关键词"云南"2011~2017 年百度指数

其六，2017 年 3 月 13 日西安"地铁电缆事件"。

西安"地铁电缆事件"于 2017 年 3 月 13 日经网友在天涯论坛曝光后，百度指数显示其搜索量虽有小幅提升，但在政府有关部门澄清后趋于平稳，但随 3 月 22 日西安市承认电缆有问题及电缆公司道歉后，事件搜索量又上升到 24692 次。3 天后搜索量又趋于平缓。谷歌趋势与其波动一致。

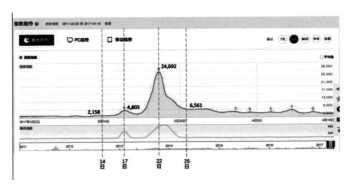

图 2-41 关键词"西安地铁"百度指数

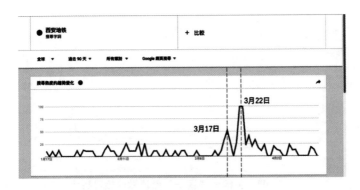

图 2-42 关键词"西安地铁"谷歌趋势

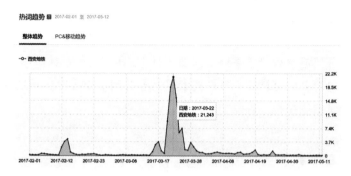

图 2-43 关键词"西安地铁"新浪微博热词趋势

而以关键词"西安"进行新浪微博热词趋势分析时发现，尽管同样在 3 月 23 日出现了一次搜索的高潮，但其热度甚至不及 5 月 1 日新娘发现新郎雇用假亲友参加婚礼的事件。这再一次印证当城市知名度高及与城市相关的搜索信息多时，在话语事件中就较少出现脉冲式的搜索增长。

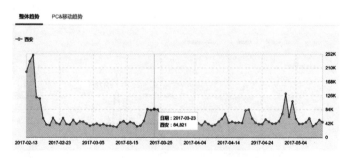

图 2-44 关键词"西安"新浪微博热词趋势

总体来看，无论话语事件起点于微博还是论坛，多数网友依旧会选择利用搜索引擎搜寻事件相关信息。但由于搜索引擎信息杂乱、不可控等劣势，公众所搜寻到的信息往往无法满足网友对于事件求知的需求，而关键词的搜索结果混乱也往往会导致公众看到负面或没有公信力的信息。话语事件的发生是不可控的，可控的是政府部门对于事件的危机公关处理。因此政府部门应妥善利用搜索引擎，发布权威信息，正确引导舆论，使城市形象不因话语事件而受到损伤。

4. 网络视听媒体（如优酷、爱奇艺、搜狐视频等）

（1）网络视听媒体在城市形象传播中的案例。

其一，真人秀综艺节目带动土耳其旅游业发展。

2015 年，东方卫视与韩国 TVN 电视台合作，引入明星旅行真人秀节目《花样姐姐》，5 个姐姐，2 个弟弟的明星搭配让这个节目充满新鲜感。这个节目不仅邀请一些人气小生作为收视率的保障，更是成为演艺界资深前辈王琳、席美娟等人的处女真人秀。该节目在土耳其录制，并于 2015 年 3 月 15 日在东方卫视和视频网站同步播出。节目播出一半，7 期完整版的视频在三大网站（优酷、腾讯、爱奇艺）的点击量就累计超 4.6 亿次。

这类节目更像是一个旅游节目。观众们在观看明星的衣食住行时，免不了会对明星旅游的景点产生兴趣。节目热播也恰逢土耳其对中国大陆游客签证放宽之时，"花样效应"更为土耳其旅游的火爆添了一把力。节目刚刚过半，在某旅游网站上打着"花样姐姐路线"旗号的 10 日团队游就已有 100 多人点评。

2014 年，湖南卫视推出的大型明星姐弟自助远行真人秀节目《花儿与少年》第二季也是去土耳其旅游。《花儿与少年》

的官方微博还在节目播出时，用土耳其的特色景点，配上明星井柏然的手写体做成手机屏保供粉丝下载使用。用明星自带的热度和话题度，一方面宣传了节目，另一方面也为土耳其旅游做了广告，加深了中国民众对土耳其的了解。

其二，《爸爸去哪儿》。

图2-45　《爸爸去哪儿》微博数据

《爸爸去哪儿》真人秀节目一直是全民热议的话题，2016年播出的《爸爸去哪儿》第四季官方微博拥有582万粉丝，主持的话题高达408亿次阅读量，4550万个讨论。节目不仅引发了全民对于教育问题的讨论，也使节目录制的旅游地爆火。

运用真人秀节目宣传不同城市的旅游景点是新媒体时代的大势所趋，《奔跑吧兄弟》《花儿与少年》等一系列节目都开通了官方微博，前期节目宣传时配合微博平台进行大量转发，使得节目人气飞升。以《爸爸去哪儿》为例，在每期节目的开始都会对目的地的风土人情进行解说描述，多机位还原目的地的真实景观，在游戏环节还会融入当地的传统文化，可谓对每个目的地都进行了一番宣传。

据报道，《爸爸去哪儿》录制过的目的地在节目播出后旅游业均飞速发展，游客剧增。节目组在官网微博也会对当地进行描述、宣传，部分网友表示，在看过节目以后非常有兴趣去当地参观。

其三，bilibili "歪果仁被四川小吃打败"。

"歪果仁被四川小吃打败"是"吃货老外"系列中最有代表性的一部短片，其单片播放量达到了110.6万次，弹幕数量超过2.7万次，收获了1.8万的硬币投放（1硬币＝1元人民币）。影片通过记录外国人第一次吃四川特色美食的表现，完美呈现了最地道的四川特色饮食文化，本土的中国网友纷纷表示看了外国吃货的视频后更加想去四川游玩。

"吃货老外"系列影片的UP主常乐是bilibili网站的红人，拥有近39万粉丝。身为一个外国人，常乐在各个视频中介绍的美食甚至比一般中国游客介绍的还要正宗。古话说"民以食为天"，每个人都有对美食的追求，饮食文化是城市形象的重要组成部分之一。

同时，由于影片作者身份的特殊性，吸引了更多的网友前来观看。人们对外国人如何评价中国美食充满了好奇，而影片恰好满足了人们的这种好奇心。当本土美食受到世界友人的认同和称赞时，网友会生发出强烈的民族自豪感，更加乐于传播和扩散。

"吃货老外"播出后反响甚好，在B站掀起了美食热潮。人们通过弹幕分享自己熟知的当地美食，可以说弹幕就是不同城市形象的缩影。

其四，爱奇艺"泰囧"。

《人在囧途之泰囧》是一部由徐峥导演的电影，上映于2012

年12月。作为经典贺岁片之一，这部小成本的电影带来了将近12.7亿元的票房收益，一举拿下当年贺岁片的票房冠军。电影下映后，爱奇艺迅速上架了此部电影，截至目前，达到了1.1亿次的播放量及20.5万次的点赞量。

该片在泰国取景，影片中的清迈美景吸引了大量游客前往参观。根据有关部门的统计，2012年，中国赴泰旅游的游客大约为270万人次，电影上映以后，2013年赴泰旅游的人群增加到了470万余人次，为泰国本土带来了将近1.4亿美元的旅游净收入。同时，有关泰国旅游产品的咨询量同比增长了70%，春节假期间中国赴泰国旅游的订单同比增长180%，在很大程度上促进了泰国的旅游业。也正是因为如此，徐峥导演受到了泰国总理的接见。

泰国旅游一夜爆红看似"歪打正着"，实则在"情理之中"，影片通过诙谐幽默的方式讲述了"囧人囧事"，同时向观众详细地展现了泰国的城市形象，独特的人文景观、诱人的当地美食和鲜明的文化特色无不在潜移默化中推介了泰国旅游业。前有因为《阿凡达》而世界闻名的张家界，后有因《老炮儿》而爆红的北京胡同，可见，一部成功的电影就是一个城市最好的宣传片。

作为主要网络视听媒体之一的爱奇艺视频，在电影下映以后起到了持续性传播的作用。与院线电影相比，网络视听媒体保留时间更长且较为方便，点赞、转发、评论等互动功能一应俱全。电影记录下了一座城市的文化形象，而网络视听媒体持续宣传着这座城市的文化形象。

其五，酷6"上海世博会宣传视频"。

2002年，张艺谋导演了上海申博宣传片，影片以独特的视角拍摄了东方明珠等上海地标性建筑，将上海展示给五湖四海的国际友人。同时，宣传片以中国音乐的代表作《茉莉花》作为背景音乐，使影片带有浓郁的中国特色。《茉莉花》是全球音乐界公认的"旋律优美，带有浓郁东方韵味"的作品，被外国人称为"中国的第二国歌"。

上海申请世博会的宣传片展示了上海这座国际都市特有的城市形象，不仅记录了上海的人文景观，也表现了上海的风土人情。以申请世博会为契机，宣传了自身的城市形象，在酷6的播放量达到了近35000次，上海成为继北京以后又一个进入国际视野的中国都市。

其六，Welcome to New York。

Welcome to New York 是 Taylor Swift 于 2014 年发布的单曲，后被选为热播电影《爱宠大机密》的开场曲，其 MV 画面精美，记录了纽约城市的微观景观。在 Twitter 的播放量到达了 14.4 万次，对于流量相对较小的海外社交媒体来说，这已实为不易。

MV 拍摄的主要内容为纽约城市，并不是直接拍摄，而是将城市景观按比例制作为微缩景观再加以拍摄，这种创意的拍摄方法引起了海外网友的关注。同时，这支 MV 也借助歌手 Taylor Swift 的名气以及电影《爱宠大机密》的人气，在短时间内火爆社交媒体。

影片展示了纽约这座城市的人文景观，同时通过歌词宣传了这座城市的正能量形象，为纽约的城市形象打了一个"隐形的广告"。在评论处，网友不仅表达了对歌手以及电影的喜爱，也表达了对于纽约的喜爱。

图 2-46 MV Welcome to New York 播放数据

（2）网络视听媒体在北京城市形象传播中的使用概况。

其一，北京形象宣传片在网络视听媒体中的传播概况。

以"北京形象""北京宣传""北京宣传片"为关键词，在优酷视频及腾讯视频进行搜索，表 2-6 列举了 1~15 页的搜索结果，分别对视频网站中发布的片名及内容、时长、发布者、发布时间和播放次数进行了统计（统计结果截至 2017 年 5 月 28 日）。

表 2-6 优酷、腾讯视频平台北京形象宣传片传播数据统计表

平台	片名及内容	时长	发布者	发布时间	播放次数
优酷	［旅游］北京形象宣传片	5 分 2 秒	CRI 英语环球	2015 年	2575
	［旅游］北京形象宣传片高清版（北京市旅游局出品，派格太和环球传媒承制）	17 分 36 秒	warlly88	2013 年	1296

续表

平台	片名及内容	时长	发布者	发布时间	播放次数
优酷	［旅游］北京形象片	5 分	bml111	2016 年	71
	北京形象宣传片	12 分	win2000000	2012 年	200
	2017 北京城市形象宣传片《一个字：美!》	5 分	憶蓮	2017 年 5 月 20 日	48
	［拍客］北京形象宣传片	2 分 51 秒	夜晚 1221	2016 年	12
	北京旅游形象宣传片	11 分 59 秒	yeenwa	2010 年	1308
	［旅游］城市宣传片，旅游形象宣传片《北京印象》	6 分 09 秒	杜撰之林梓	2011 年	5653
	［旅游］北京城市形象宣传片	3 分 4 秒	errolsong	2008 年	11235
	北京城市形象宣传片	5 分 31 秒	瀚海五年	2013 年	741
	北京 2009 形象宣传片	11 分 59 秒	安 PG	2010 年	11274
	［旅游］北京旅游形象宣传片《体验北京感受奥运》（北京市旅游局）	5 分 1 秒	zhubaoJoey	2010 年	488
	新北京城市形象宣传片	4 分 38 秒	woqwoqwer	2014 年	595
	［生活］北京旅游形象宣传片	11 分 48 秒	dongxuli23	2014 年	283
	［旅游］北京形象宣传片《来北京旅游》	12 分	黑祥子-街头艺术家	2013 年	19417

续表

平台	片名及内容	时长	发布者	发布时间	播放次数
优酷	［旅游］北京形象宣传片《北京2008》	12分	liujie63193	2009年	2852
			竹儿青青草	2012	873
			影毅	2010	65
			守護孤單	2009年	154558
			墨菊的诺拉	2016年11月	18
	2022年北京冬奥会申奥2014年形象宣传片	1分	_ 342116837	2017年4月	34
	北京旅游形象宣传片	2分1秒	腾飞视频自频道	2016年	89
	北京高清形象宣传片《印象北京》	5分59秒	huixing1390	2016年11月	58
	［纪实］北京旅游宣传片《一起来到北京》	4分30秒	zi_ wem	2014年	1210
	北京2008年奥运会宣传片	11分59秒	scriptcat	2009年	4608
	北京宣传片完整版	11分48秒	452069399	2009年	2617
	北京形象宣传片《北京2008》	11分59秒	likexiang	2009年	27258
	2008奥运会北京宣传片	12分	bzyfjj1991	2015年	295
	奥运会开幕式北京宣传片	12分	逸雨情缘	2010年	894

续表

平台	片名及内容	时长	发布者	发布时间	播放次数
优酷	北京宣传片 12 分	4 分 57 秒	山野视觉 1	2009 年	1555
	北京城市宣传片	11 分 48 秒	237studio	2009 年	14086
	北京宣传片	1 分 55 秒	读书读路读人	2016 年	457
	《美丽北京》	2 分 45 秒	兆发映画	2016 年	119
	2015 米兰世博会北京宣传片	5 分 16 秒	IX_PICTURES	2016 年	98
	北京城市宣传片	2 分 30 秒	优酷资讯	2017 年 5 月 11 日	33116
	北京城市宣传片	5 分	优酷资讯	2017 年 5 月 11 日	1204
	魅力北京宣传片	6 分 1 秒	Joye_ Yao	2010 年	1209
	最美北京宣传片	10 分 5 秒	BTV-最美北京	2015 年	6509
	宣传片《北京文明五千年》	23 分 38 秒	K-TOWN	2017 年 4 月	211
	北京城市宣传片	1 分	优酷资讯	2017 年 5 月 20 日	932
	北京城市宣传片	13 分 13 秒	Augustingtsai	2014 年	6802
	2004 雅典奥运会闭幕式北京宣传片	13 分 41 秒	十嘟 ω6 鉑②	2008 年	42066

平台	片名及内容	时长	发布者	发布时间	播放次数
优酷	2016 北京宣传片	2 分 17 秒	腾讯用户 146595123 5372897	2016 年 4 月	560
	2008 版北京宣传片之夜色	57 秒	chenji8333	2011 年	255
	2008 版北京宣传片之运动	1 分	chenji8333	2011 年	127
	2015 北京旅游宣传片	4 分 31 秒	this_ kind_ of _ productions	2017 年 2 月	599
	2022 年冬奥会北京宣传片《纯洁的冰雪，激情的约会》	2 分 55 秒	Megget-3	2016 年	1264
	2013 北京旅游宣传片高清	4 分 30 秒	zi_ wem	2014 年	1210
	2016 版平安北京建设宣传片	1 分	YK22016004	2016 年 11 月	1709
	北京风光宣传片	4 分 59 秒	USN 海豹六队	2013 年	56000
	2008 北京奥运会宣传广告明星篇	2 分	微信用户 7350356227	2017 年 3 月	117
	北京奥运宣传广告生命篇	1 分	微信用户 7350356227	2017 年 3 月	37
	2008 北京奥运会宣传广告掌声篇	1 分	微信用户 7350356227	2017 年 3 月	87

续表

平台	片名及内容	时长	发布者	发布时间	播放次数
优酷	北京旅游宣传片	4 分 36 秒	你我的约会	2017 年 4 月	367
	北京旅游宣传片	4 分 30 秒	朝日传媒 V	2014 年	2885
	北京奥运宣传片	16 分 20 秒	海江飞	2008 年	1120
	北京申奥宣传片	4 分 16 秒	tony9077	2007 年	9694
	北京申奥宣传片	4 分 30 秒	南山坡下之马	2008 年	119310
	2008 北京申奥宣传片	5 分 5 秒	daxia6215	2007 年	10059
	北京申奥宣传片《众盼奥运》	4 分 35 秒	abcdebc	2008 年	6496
	2008 北京奥运会最新宣传片	5 分 44 秒	xjq369679242	2008 年	4740
	北京城市宣传片	30 秒	优酷资讯	2017 年 5 月 10 日	3122
	北京旅游宣传片	1 分 1 秒	环亚意美	2016 年	475
	北京城市宣传片	2 分 3 秒	冰儿 46	2014 年	609
	北京 2020 宣传片	4 分 4 秒	优酷用户 1464157196631753	2016 年	306
	北京现代宣传片	6 分 54 秒	颜天二	2016 年	40
	北京工业宣传片（北京市工业促进局）	12 分 57 秒	北京红凯	2014 年	132
	北京园博会宣传片（涂鸦版）	30 秒	七只眼	2013 年	693

续表

平台	片名及内容	时长	发布者	发布时间	播放次数
优酷	北京园博会宣传片（树洞女孩版）	30秒	七只眼	2013年	311
	北京新机场宣传片	4分46秒	土豆用户_432327114	2017年4月	17
	奥运倒计时一周年宣传片《北京欢迎你》	2分42秒	龙行天下426	2009年	860
	北京奥运宣传片之鼓掌声篇	1分	洛必达的丫头	2009年	3604
	2013北京旅游宣传片	4分30秒	TM_天马影视	2014年	48781
	北京2008宣传片	12分	派格太合	2009年	5260
	北京形象宣传片	5分2秒	CRI英语环球	2015年	2572
	2008北京奥运宣传片（变形金刚版）	1分1秒	变形金刚版2008北京奥运宣传片	2009年	660606
	北京马拉松宣传片	2分18秒	优酷体育报道	2016年	18396
	北京旅游宣传片《世界了解中国的窗口》	11分48秒	liuhongliang521	2009年	7283
腾讯	北京城市形象宣传片	5分	环球英文版环球时报英文版Global Times	2017年05月10日	21.7万
	北京城市形象宣传片	2分	环球网	2017年5月10日	5.8万

续表

平台	片名及内容	时长	发布者	发布时间	播放次数
腾讯	《燃！北京城市宣传片 见证三千年发展》	5分	新闻隆咚呛	2017年5月11日	624
	大北京新版宣传片《我心中的北京》	1分	经典广告搜罗	2017年5月12日	257
	北京官方旅游形象宣传片	1分7秒	娱乐趣共享	2017年03月30日	975
	北京城市形象宣传片	2分30秒		2017年5月10日	396
	北京2022 阳光男孩王新迪 目标瞄准冬奥会 花滑组合王诗玥、柳鑫宇讲述金牌背后的故事	2分33秒 4分56秒 22分55秒		2017年3月13日	1661 667 307
	城市形象宣传片	4分59秒		2017年2月23日	762
	北京形象宣传片			2017年5月27日	1532
	2017北京城市宣传片	2分30秒		2017年5月10日	484万次
	"一带一路"北京城市宣传片	4分54秒		2017年5月15日	1775
	北京城市宣传片	1分	北京电视台	2017年5月12日	4611

续表

平台	片名及内容	时长	发布者	发布时间	播放次数
腾讯	北京城市宣传片	30 秒	北京电视台	2017 年 5 月 12 日	3193
	北京城市宣传片	2 分 30 秒	北京电视台	2017 年 5 月 12 日	1608
	"一带一路"北京城市宣传片	4 分 54 秒	视频邦	2017 年 5 月 12 日	4.7 万
	2017 北京城市宣传片	5 分	腾讯大燕网	2017 年 5 月 11 日	2566
	北京城市宣传片	5 分	央视新闻	2017 年 5 月 12 日	24.2 万

戴扬和卡茨在其《媒介事件》一书的开篇中说："无论古今中外，能进入任何一个'有历史意义的现场'的人，从来都是非常有限的少数。"他们列举道："两千多年前，尽管十分壮观的古希腊奥林匹克运动会与意大利古罗马的角斗场上人头攒动，可是真正能到现场观看的据说不过 5 万~6 万人。……两千年后人类终于把这一数字提高了 1 倍，即将在澳大利亚悉尼召开的 2000 年奥运会主会场，可以容纳的人数将达 11 万人左右。"2008 年北京奥运会主场馆固定座位 8 万个，临时座位数 11 万个，但即便如此，若没有媒介的参与，"有幸观看奥运会开幕盛况的人数大概只能如此"。"千百年来人类始终无法摆脱在现场观看时所受到的特定的空间与视觉的局限"，而"现代科技、现代传播媒介，特别是覆盖全球的电视通信卫星从根本上改写了

人类视觉文化的对象与历史，也深深地改变了人类的物质与精神生活"。戴扬和卡茨主要是对电视作为现代科技和现代传播媒介的传播范围和影响力表示了赞叹，而以互联网为基础的新媒体，毋庸置疑，在传播的即时性、共时性等方面相比电视更胜一筹，特别是网络视频，更是集合了电视媒体和网络传输的双重优势。但媒介拥有这样的双重优势是否就一定意味着传播的强势效力呢？在对视频网站中北京城市形象传播进行统计分析时，或许可以得到相应的答案。

根据上述对优酷视频和腾讯视频网站中的北京城市形象传播的搜索结果，分析北京城市形象在视频网站中传播的整体概况，主要体现在以下几个方面。

第一，从传播的文本来看，视频网站上发布的北京形象宣传片往往与重大活动相关联，特别是北京奥运会，尽管已经过去近10年，也仍然是宣传片的主要关联事件，此外，园博会、冬奥会、"一带一路"等活动也有与之相对应的北京城市形象宣传相配合。重大活动之外，日常传统的文本以"旅游"为主，"北京市旅游局"作为旅游主管部门成为日常传播文本的主要引领者，文本内容涉及北京的历史、文化、景点、美食等方方面面。而城市重大的基础设施建设也成为城市形象宣传的组成部分，例如北京新机场的建设是备受关注的事件，因此，也推出了北京新机场宣传片，但在2017年4月由普通用户在优酷视频上发布的"北京新机场宣传片"只有寥寥十几人点击观看。此外，还有诸如由北京市工业促进局推出的"北京工业宣传片"和以北京安全和制度保障为主题的"2016版平安北京建设宣传片"等也与上述传播文本一起构筑了北京城市形象传播的文本内容。由于网络视频不再受到播放时长的限制，因此，在上表中统计的大多数北京城市形象传播文本在时长方面都超过了传统电视视频的时长限制，不再是以规整的 5 秒/10 秒/15 秒/30 秒/60 秒为标准。实际上，时长的长短与传播效果并不成正比，上表的统计结果也显示，播出次数最多的北京城市形象视频也并非是所有视频中时长最长的，从用户的角度来看，面对的传播环境是视频和其他形式信息数量多且庞杂的网络，用户受到的信息轰炸使其疲于应对冗长空洞的视频内容，因此，应通过短小精悍的视频短片吸引用户。

第二，从传播文本在视频网站中的所属频道来看，绝大多数与城市形象相关的传播文本都被放置在"旅游"频道，少量被放置在"生活"和"纪实"频道，另有少数与体育相关的被放置在"体育"频道。

第三，从传播者的身份来看，政府往往是文本创作的发起者和引导者，专业的制作单位完成了文本的制作，但传播文本的发布者却以普通网友居多，占据了其中绝大多数，但由于普通用户在身份的知名度和可信度以及个人影响力等方面的局限，其传播的效力并不显著。相反，由媒介组织或其他机构发布的文本，在传播效力方面常常胜于个人网民。例如"央视新闻""BTV 北京""环球英文版 Global Times""派格太合"等都在扩大北京城市形象传播的影响范围方面发挥了重要的作用。

第四，从传播影响的范围来看，除了少数城市形象传播视频，例如，在优酷视频网站中，"变形金刚版 2008 北京奥运宣传片"播放次数达 66 万多次，腾讯视频平台中，"环球英文版 Global Times"发布的 5 分钟时长的"北京城市形象宣传片出炉"，播出次数 21.7 万次，2017 年 5 月 10 日 "2017 北京城市宣传片"播放次数 484 万次，2017 年 5 月 12 日发布的 "北京城市宣传片"播放次数为 24.2 万次，视频网站中的其他北京城市形象宣传片并未形成较大规模的影响力，往往只有少数用户关注并点击观看。

第五，从传播的互动性来看，网络视频区别于电视视频的重要特征就在于它能增强视频与用户之间的互动性，用户可以通过评论、点赞、弹幕等形式与传播文本之间形成双向互动，这些形式也能促成用户之间的信息分享，引发信息共鸣。此外，还可以通过文本的超链接形式分享至用户的社交媒体中，形成更大范围的传播和影响。但从目前在视频网站中的北京城市传播现状来看，除了少数几个文本有寥寥几个评论和个位数的点赞量之外，其他视频文本均没有评论、点赞和弹幕，这也就意味着，这些文本极度缺乏用户的参与，而分享量也几乎为零，说明这些北京城市形象的传播文本没能通过观看用户进入其社交网络中，也就不可能形成一传十、十传百的连锁传播效应。

在搜索过程中，有一个与一般意义上的城市形象传播文本存在差异性的案例，即预计在 2020 年上映的纪录片——《中国·皇城北京》（Imperial City Beijing），腾讯视频对其的简介为 "《中国·皇城北京》是一部以北京八百年历史为题材的大型史诗 3D 电影纪录片，全景式再现皇城北京的变迁和历史风貌，采用最先进的 3D 技术绽放中国文明之绚丽光彩，将中国文明和好莱坞艺术科技相结合，创造中国文化走向全世界的新形式。2012 年 8 月 8 日，好莱坞导演卡梅隆来京商谈合拍 3D 电影《中国·皇城北京》。好莱坞导演詹姆斯·卡梅隆率领卡梅隆-佩斯

（中国）集团与中国的合作伙伴在中国国家博物馆签署合作备忘录，携手打造世界顶级 3D 电影《中国·皇城北京》。"新片场发行"以"预告片""花絮"为由头，借卡梅隆、3D 技术等影片相关信息的影响力在 2014 年 12 月 30 日发布了时长 4 分 28 秒的《皇城北京》，获得了 8.9 万次播放，观看《皇城北京》的视频内容，发现其与其他北京城市形象传播文本的内容并无太大差别，这说明知名人物、有影响力的事件对同类型文本在传播效力方面具有促进和提升作用。

爱奇艺的《请到长城来滑雪》是推介 2022 年北京—张家口冬奥运的优秀作品之一，这首歌曲由陈道斌作词，李凯稠谱曲，鹿晗、陶喆共同演唱，发行于 2015 年 6 月 15 日。歌曲的旋律朗朗上口，完美表达了北京—张家口对全世界友人的盛情邀请。视频中将实力派歌手陶喆的专业级唱功和新一代年轻偶像鹿晗形象相结合，吸引了各个年龄层的受众，在爱奇艺的播放量达到了 670 余万次。影片虽然没有直接描绘北京—张家口的城市形象，却通过歌词表达了北京—张家口的人文情怀。诚然，670余万次的播放量存在粉丝效应，但是作为一首冬奥运的宣传歌曲，影片已经超额完成了宣传目标。同时，这首歌曲不仅在试听媒体上爆红，还被分享至多种社交媒体，包括微信、微博等。鹿晗作为中国当代最火的偶像之一，对于青年群体的号召力极强，其粉丝为了表达对于偶像的支持，组团前往张家口进行滑雪打卡。

而《最北京》（2016）（2017）则是在传统媒体电视场域内制作完成的视频文本，通过系列性的具有北京地域文化特点的电视节目展示北京城市生活的方方面面，受到电视媒体传播的

辐射和影响，该系列节目在视频网站中的传播效果也较大多数
北京城市形象宣传片更优，其中，"吃"成为系列节目中占比最
大，且更受用户欢迎的内容。但随着节目播出时间的延长，可
使用的信息素材逐渐减少，同类信息反复制作，且一惯性的节
目风格会导致用户审美疲劳的出现，都可能削弱未来该节目的
传播效果，从目前来看，自2017年4月起，在视频网站上的播
放次数已经开始下滑（见表2-7）。

表 2-7　《最北京》（2016）（2017）爱奇艺播放数量统计表

期数	片名	播放次数
2016-02-14	最北京：京华字号老 早春气象新	2万
2016-02-21	最北京：过年乐事多 庙会逛民俗	1.2万
2016-02-28	最北京：灌肠犹余香 乡愁似个长	1.8万
2017-03-06	最北京：喜迎妇女节 情系半边天	8582
2017-03-13	最北京：剃头面脸小 理发故事多	1.1万
2017-03-20	最北京：茶汤香正浓 小吃情亦长	1.2万
2017-03-27	最北京：闲游老胡同 漫话北新桥	1.4万
2017-04-10	最北京：温暖忆出行 百姓公交情	8892
2017-04-17	最北京：百年老浴池 洗澡故事多	9081
2017-04-24	最北京：举杯话佳酿 对饮成三人	1.2万
2017-05-01	最北京：五一晒本色 劳动记忆暖	8566
2017-05-08	最北京：情系母亲节 孝心大调查	8077
2017-05-15	最北京：老歌声声唱 北海悠悠情	1.1万
2017-05-22	最北京：最爱北京人 盘点最北京	1.2万
2017-05-29	最北京：舌尖上的童年	1.6万

续表

期数	片名	播放次数
2017-06-05	最北京：记忆中的胡同菜	1.4 万
2017-06-12	最北京：冰冻糖葫芦 消暑话时令	1 万
2017-06-19	最北京：好吃抻面唱 解暑门道多	1.2 万
2017-06-26	最北京：撸一串冰糖葫芦	1.2 万
2017-07-03	最北京：爆肚忙学艺 对坐话"火候"	1.5 万
2017-07-10	最北京：留香三不沾 管饱烤馒头	1.4 万
2017-07-17	最北京：冷面回味久 盛夏闲话长	1.7 万
2017-07-24	最北京：经典当家菜 解馋百味鸡	2.9 万
2017-07-31	最北京：百味藏于市 技艺有传承	1.5 万
2017-08-07	最北京：二分大碗茶 有礼又有面	1.6 万
2017-08-14	最北京：信托老店忙 旧货情怀深	1.2 万
2017-08-21	最北京：老北京绝技 爆肚的火候	2 万
2017-08-28	最北京：京腔味正浓 京韵梦犹香	1.4 万
2017-09-04	最北京：秋凉忆冷食 消暑趣事多	1.2 万
2017-09-11	最北京：慢工出细活 佳节月饼香	1.3 万
2017-09-18	最北京：探秘老字号 支招度长假	1.2 万
2017-09-25	最北京：床单故事多 怀旧情意长	1.4 万
2017-10-09	最北京：京城能人多 随处见高手	1.4 万
2017-10-16	最北京：字号年年老 口味日日新	1.3 万
2017-10-23	最北京：京城各色人 百态生活味	1.3 万
2017-10-30	最北京：老街尝老店 新话新心意	1.7 万
2017-11-06	最北京：老店重张忙 天寒酱菜香	1.3 万
2017-11-13	最北京：悠悠老酒馆 绵绵怀旧情	1.3 万

期数	片名	播放次数
2017-11-20	最北京：寻味老字号 情迷四九城	1.5 万
2017-11-27	最北京：京城有老店 茬苒话浮沉	1.1 万
2017-12-04	最北京：老店老字号 牛人牛脾气	1.8 万
2017-12-11	最北京：玩儿家说玩 一年又一年	1 万
2017-12-18	最北京：老店恒久远 乡情永流传	9336
2017-12-25	最北京：忆冬夏流转 品快乐春秋	1 万
2017-01-01	最北京：烤鸭老字号 手艺日日新	1.2 万
2017-01-08	最北京：冠盖满京华 帽子故事多	1.1 万
2017-01-15	最北京：汤沸火初红 涮锅肉正香	1.2 万
2017-01-22	最北京：咫尺说挂历 岁月话情长	1.1 万
2017-02-05	最北京：字号年年老 手艺日日新	1.1 万
2017-02-12	最北京：顽主遍京城 玩家说名堂	1 万
2017-02-19	最北京：牛尾烧正红 横菜解馋香	1.3 万
2017-02-26	最北京：洗剪吹染烫也是非物质文化遗产	1.1 万
2017-03-05	最北京：晨起逛早市 菜场话当年	1.4 万
2017-03-12	最北京：老汤连年炖 泡馍香四方	1.1 万
2017-03-19	最北京：皇城边上的马连良鸭子	1.4 万
2017-03-26	最北京：字号谁家老 探访百年老店	1.2 万
2017-04-01	最北京：李然陪大爷大妈重温儿时的乐趣	7786
2017-04-09	最北京：卤煮名堂多 字号永流传	7906
2017-04-16	最北京：梦绕东方红 情牵北京站	7069
2017-04-23	最北京：老北京味稻香村油炸羊肉串	7425
2017-05-07	最北京：北京公园的特色风情	4801

续表

期数	片名	播放次数
2017-05-14	最北京：漫话老字号 味品烧麦香	6694
2017-05-21	最北京：牛排配牛二 西餐品京味	6319

与《最北京》（2016）（2017）相类似的题材和形式还有：爱奇艺平台的视频资源《更北京》（2016）（2017），爱奇艺平台的视频资源《食遇北京》（2017）。相比《最北京》，《更北京》的话题显得更为宽泛，因此，与北京城市形象的关联没有《最北京》那么紧密，但从话题性的角度来看，有些话题更符合年轻化的网络视频用户的信息需求和喜好。例如 2017 年 5 月 4 日的"来自站东民族的最美网红"播放次数 2.3 万次，2017 年 5 月 11 日的"北京孩子的'玩'笑人生"播放次数 6.2 万次等。但播放次数相比《最北京》而言稳定性较差。例如，2017 年 5 月 27 日的"镜头下的北京地铁剧场"播放次数 554 次，2017 年 5 月 10 日的"逆天啦！皇帝的风筝居然分公母"播放次数 695 次，这说明，独立于传统媒体之外的网络视频传播通过具有话题性的文本形成与网络视频用户的黏性与互动更为重要，这将直接影响其传播效果。而《食遇北京》（2017）每集播放次数在 2000～7000 次，传播效果相对弱于《最北京》和《更北京》。

在对城市大型休闲游乐项目的宣传方面，在优酷视频搜索的结果为"［旅游］北京欢乐谷形象片"，由"法迪尔饭店"在 2016 年发布，播放次数 88 次。在腾讯视频搜索"北京欢乐谷宣传片"，搜索结果首先显示的是 2017 年 5 月 15 日由"未来网新闻"发布的 1 分 4 秒的"北京欢乐谷旋转设施突然卡住，游客半空中东倒西歪"，播放次数则达 2600.5 万次；第二位显示的是 2017 年 5 月 15 日由"视说天下"发布的 2 分 12 秒的"实拍北京欢乐谷——机器旋转时卡住，游客被挂高空 4 分钟"，播出次数 6424.5 万次。2016 年 4 月 20 日发布的"北京欢乐谷宣传片"，时长 9 分 48 秒，播放次数 66.1 万次，以及 2014 年 7 月 1 日发布的时长 30 秒的"北京欢乐谷宣传片"，播放次数 1245 次，显然与前两条视频相比较，播放数量存在近百倍的差异，这与话语事件中搜索引擎和社交媒体中的城市形象传播遭遇的冲击存在相似之处，在 24 小时内的妥善处理是化解危机的关键行为，但日常传播对于此类休闲游乐项目同样重要。

相比之下，上海迪士尼在日常传播方面无论是传播文本数量还是传播频次都要高于北京欢乐谷，传播文本的传播者均为迪士尼官方发布，具体的传播文本包括：2015 年 9 月 30 日《上海迪士尼度假区宣传片》，播出 42.9 万次；2016 年 3 月 2 日《上海迪士尼开园在即 炫美宣传出炉》，播出次数 7442.1 万次；2016 年 6 月 16 日《上海迪士尼官方宣传片》，播出 59.1 万次；2016 年 7 月 18 日发布《上海迪士尼度假区新一季宣传大片重磅出炉！邀你一起点亮心中奇梦》，播出次数 95.7 万次；2017 年 4 月 28 日《幸福停车》，播出 152.1 万次；2017 年 5 月 11 日发布的上海迪士尼最新微电影《虎妈变身记》，播出 33.4 万次；2017 年 5 月 23 日发布的《上海迪士尼：三十年后的约会》，播出次数 82.5 万次。从开园前的造势，到开园、经营过程中的层层递进，通过视频逐步完成、完善受众对迪士尼的感知、印象和感情。上述宣传片均以"心中奇梦""春天心故事"作为主题贯穿所有文本，并在影片末尾用"点亮心中奇梦，让属于你们的春天心故事发生"引起受众共鸣。而《虎妈变身记》则是结合热播的电视剧《虎妈猫爸》作为话题引导，借势传播。此外，缩短传播时间间隔也是提示受众关注并产生游乐欲望的因素之一。

其二，视频网站中北京六城区的传播概况（见表 2-8~表 2-13）。

表 2-8　北京市海淀区网络视频传播概况

平台	片名	时长	发布者	发布时间	播放次数
优酷	海淀形象宣传片短版（小）	6 分 50 秒	中国自游人	2016 年	5
	海淀形象宣传片	4 分 54 秒	BHDD-冰河大地	2015 年	67
	海淀宣传片	4 分 42 秒	xinmayingshi	2015 年	254
	海淀宣传片	12 分 1 秒	柚子文化创意	2014 年	168
	海淀形象宣传片	30 秒	f-media 速达	2013 年	571
	海淀区宣传片-盛鲲光影	7 分 11 秒	盛鲲光影	2017 年 2 月	20
	海淀精美宣传片	17 分 11 秒	优酷旅游	2009 年	675
	海淀低碳宣传片	7 分 51 秒	盛世嘉影	2013 年	171
	海淀区园林绿化宣传片	9 分 6 秒	尚合视奥	2012 年	1051

续表

平台	片名	时长	发布者	发布时间	播放次数
腾讯	海淀形象宣传片——（星火中视影视）	7分13秒		2016年2月19日	22
	宣传片——2013海淀宣传片	7分2秒		2016年4月1日	32
	海淀北部中关村壹号夜景宣传片	2分8秒	2017年1月26日		3.3万次
	北京市海淀区	35秒	新京报动新闻	2014年7月28日	179
	北京海淀区宣传片	4分31秒		2015年12月2日	422
	魅力苏家坨宣传片	6分41秒		2017年4月27日	93

表2-9　北京市西城区网络视频传播概况

平台	片名	时长	发布者	发布时间	播放次数
优酷	西城区宣传片（第2版）	7分50秒	rongrongning	2014年	1568
	朱导作品《北京西城区宣传片》	19分44秒	东方海润国际影视	2012年	228
	北京市西城区城市宣传片	19分6秒	司尚千	2017年5月	119
	北京·西城区旅游宣传片	3分24秒	三十先生品牌管理	2016年	55

125

平台	片名	时长	发布者	发布时间	播放次数
优酷	西城区社区文明宣传片	1分13秒	斐波拉契	2013年	86
	西城区精神文明宣传片——宋艳梅	1分38秒	Oldface-冰叶	2013年	51
	西城区精神文明宣传片——天桥街道办事处	1分46秒	Oldface-冰叶	2013年	162
	北京·西城	3分	emilybx	2014年	293
	北京西城印象（购物篇）	6分38秒	中视达新媒体	2013年	128
	北京西城区——最美非遗	11分51秒	喵不群	2016年	36
	北京西城区宣传片	3分4秒	emilybx	2015年	38
	北京西城旅游宣传片	3分21秒	悠乐马	2014年	312
	［时代明镜承制］北京西城宣传片	7分55秒	时代明镜传媒	2015年	18
腾讯	北京市西城区介绍《金城玉海 华彩西城》	18分34秒	新京报动新闻官方认证频道	2014年7月28日	66
	北京市西城区什刹海，夜幕下灯光璀璨的后海	4分17秒		2017年1月23日	130
	2012北京西城旅游宣传片	3分21秒		2013年8月25日	121

表 2-10 北京市东城区网络视频传播概况

平台	片名	时长	发布者	发布时间	播放次数
优酷	北京东城形象片	8 分 51 秒	金耀骏马影视	2012 年	381
	北京东城	17 分 18 秒	小猫会	2016 年	197
	［中国最美的地方］北京东城区	15 分 1 秒	柠夕	2009 年	559
	北京·东城区宣传片	9 分 59 秒	三十先生品牌管理	2016 年	20
	北京东城区宣传片粗片	9 分 58 秒	wangxi414	2011 年	544
	北京东城	9 分 59 秒	桦小孟	2011 年	27
	［生活］新东城新文化形象片	5 分 24 秒	兜兜_超人	2013 年	76
	北京市东城区总体发展战略规划	11 分 44 秒	菖蒲哥	2012 年	240
腾讯	北京东城胡同回忆大全	6 分 27 秒	京二爷	2016 年 5 月 13 日	12.4 万
	2014 北京市东城区宣传片	5 分 27 美妙		2016 年 3 月 29 日	194
	东城区非遗宣传片	5 分 8 秒		2016 年 4 月 8 日	37
	东城区时间博物馆宣传片	3 分 3 秒		2015 年 7 月 15 日	349
	TOGA—东城宣传片	8 分 51 秒		2017 年 3 月 13 日	5

表 2-11　北京市丰台区网络视频传播概况

平台	片名	时长	发布者	发布时间	播放次数
优酷	城市形象——北京中关村丰台区影片——力量	11 分 51 秒	安徽大象传媒	2017 年 5 月 24 日	5
	城市形象——北京中关村丰台区影片——成长	4 分 45 秒	安徽大象传媒	2017 年 5 月 24 日	7
	城市形象——北京中关村丰台区影片——变革	5 分 42 秒	安徽大象传媒	2017 年 5 月 24 日	9
	城市形象——北京中关村丰台区影片——荣耀	8 分 8 秒	安徽大象传媒	2017 年 5 月 24 日	6
	台区产业-《力量》宣传片（黑钻石传媒国际摄制）	11 分 50 秒	视频 DIY 影视库	2017 年 2 月	168
	北京中关村丰台科技园城市电影《变革》（黑钻石国际传媒）	5 分 42 秒	黑钻石国际传媒	2016 年	4668
	丰台城市路演影片之荣耀——黑钻石国际传媒	8 分 8 秒	黑钻石国际传媒	2016 年	3430
	中关村丰台园路演影片《成长》（黑钻石国际传媒）	4 分 45 秒	黑钻石国际传媒	2016 年	27544

续表

平台	片名	时长	发布者	发布时间	播放次数
优酷	丰台 logo 形象宣传片		appleapple1089	2015 年	50
	丰台宣传片		忙忙碌碌虫	2015 年	64
	丰台区宣传片		37vision	2016 年	32
	丰台旅游宣传片 001（中英文字母）	5 分 23 秒	今视海缘	2015 年	457
	丰台区规划宣传片	7 分 23 秒	新分享传媒	2014 年	244
	东高地街道宣传片	3 分 42 秒	丰台小公	2015 年	25
	北京市丰台区云岗街道形象片	16 分 52 秒	北京天成影视	2012 年 5 月 30 日	92
爱奇艺	北京丰台区产业《力量》宣传片（黑钻石国际传媒摄制）；宣传片介绍："将让你重新认识丰台，国家安全在这里维护，国家速度在这里突破，国家力量在这里蓄势，10 分钟影片浓缩了近 50 家企业的核心价值，在这里，你看到的不仅仅是丰台，而是一股《力量》，中国的力量！"			2017 年 1 月 19 日	

平台	片名	时长	发布者	发布时间	播放次数
腾讯视频	丰台形象片	17分1秒		2016年10月18日	30
	丰台形象片	3分		2016年10月19日	212
	丰台形象片	2分10秒		2016年10月18日	49
	丰台卡通形象宣传片——卢沟狮"丰丰"	3分32秒		2015年8月25日	1266
	卢沟狮"丰丰"卡通形象			2016年10月19日	2009

表2-12　北京市朝阳区网络视频传播概况

平台	片名	时长	发布者	发布时间	播放次数
优酷	［剧集］DC09北京朝阳区	7分6秒	北京大地春雷数码科技有限公司	2017年2月	15
	［旅游］北京——朝阳区CBD	1分	叛逆者123456	2015年	3116
	［原创］朝阳区宣传片（北京市朝阳区政府、北京市朝阳区投资促进局）	23秒	WFL61335416	2017年2月	3

续表

平台	片名	时长	发布者	发布时间	播放次数
优酷	朝阳区宣传片（6分30秒英文版）	6分31秒	WFL61335416	2017年3月	12
	北京朝阳区宣传片《最美24小时》	8分53秒	中驰印象	2014年	431
	朝阳区宣传片	1分1秒	WFL61335416	2017年2月	6
	朝阳宣传片	16分秒	WFL61335416	2016年	37
	［动漫］朝阳区创建全国文明城区公益宣传片（北京市朝阳区创建全国文明城区工作领导小组办公室制作，杭州漫奇妙动漫制作有限公司承制）	10分58秒	skyinwind	2011年	7688
	北京朝阳区高碑店宣传片	7分42秒	小宋在拍	2016年	39
	［生活］北京市朝阳区三间房宣传片	11分34秒	2amor2	2013年	190
腾讯	外星入侵！朝阳区群众地球保卫战	4分16秒	暴走漫画	2015年8月7日	2.9万
	朝阳区宣传片	16分4秒		2017年2月6日	294
	朝阳区宣传片（英文版）	16分6秒		2017年2月6日	24次

续表

平台	片名	时长	发布者	发布时间	播放次数
腾讯	朝阳区宣传片	6 分 40 秒		2017 年 2 月 6 日	195
	北京市朝阳区宣传片《凤舞九天》（麦田雨文化）	7 分 3 秒		2016 年 7 月 4 日	14
	朝阳区宣传片	1 分		2017 年 2 月 22 日	33
	朝阳区宣传片	23 秒		2017 年 2 月 22 日	33
	北京朝阳宣传片	29		2013 年 8 月 12 日	251
	朝阳规划宣传片	7 分 3 秒		2016 年 7 月 5 日	16

表 2-13 北京市石景山区网络视频传播概况

平台	片名	时长	发布者	发布时间	播放次数
优酷	石景山区文化馆沙画宣传片《永定河传说》	4 分 28 秒	龙海沙画工作室 zlh	2016 年	4 分 28 秒
	石景山宣传片	7 分 6 秒	视频新闻编辑	2013 年	202

续表

平台	片名	时长	发布者	发布时间	播放次数
优酷	石景山宣传片，自己找熟悉的地方！有咱九中@	10分40秒	ssississ	2010年	1万
	宣传片《石景山》（大圣视野）	10分14秒	achair		145
	北京石景山宣传片	7分6秒	三十先生品牌管理	2016年	5
	北京市石景山宣传片（清风导演 青莲电影）	7分6秒	清风导演	2013年	226
	石景山游乐园宣传片	6分20秒	十五爷的作品库	2016年	176
	北京石景山游乐园宣传片	1分30秒	北京石景山游乐园	2015年	1129
	北京石景山游乐园宣传片（高清版）	9分3秒	肯德牛123	2015年	363
	北京石景山游乐园宣传片（承诺篇）	1分12秒	肯德牛123	2015年	140
	北京石景山游乐园宣传片（快乐篇）	1分14秒	肯德牛123	2015年	326
	北京石景山游乐园宣传片（亲情篇）	1分16秒	肯德牛123	2015年	59

平台	片名	时长	发布者	发布时间	播放次数
优酷	北京石景山游乐园宣传片（陪伴篇）	1 分 47 秒	肯德牛 123	2015 年	136
	北京石景山游乐园宣传片（释放篇）	1 分 12 秒	肯德牛 123	2015 年	193
	北京石景山游乐园宣传片（成长篇）	1 分 12 秒	肯德牛 123	2015 年	249
	北京石景山游乐园宣传片（照片墙）	1 分 18 秒	肯德牛 123	2015 年	19
	石景山 CRD	9 分 23 秒	一起看广告宣传片	2014 年	76
腾讯	《美丽家园》三张照片两番景	28 分 1 秒		2017 年 5 月 4 日	7
	石景山游乐园宣传片	6 分 12 秒		2017 年 2 月 6 日	21
	敞亮首都西大门 高端绿色石景山"八个高端体系"规划宣传片	22 分 44 秒		2016 年 8 月 3 日	545
	石景山区宣传片（高清版）	7 分 15 秒		2015 年 6 月 17 日	1031
	美丽石景山宣传片	4 分 34 秒		2016 年 3 月 2 日	1.9 万

平台	片名	时长	发布者	发布时间	播放次数
腾讯	《魅力北京·石景山》旅游宣传沙画	5分3秒		2015年6月17日	469
	魅力石景山 石景山宣传片	2分24秒		2015年8月22日	4.1万
	旅游景区宣传视频	4分28秒		2015年12月3日	1862

通过搜索北京六城区在优酷视频和腾讯视频网站发布的形象宣传片，北京六城区作为北京城市形象的组成部分，在视频网站中的传播活动基本概况如下。

第一，大多数形象宣传片传播活动的规划者和主导者均为各城区的相关政府职能部门，"北京市朝阳区创建全国文明城区工作领导小组办公室""北京市朝阳区政府、北京市朝阳区投资促进局"等，在形象宣传片的结尾部分会出现上述政府职能部门的名称，增强宣传片的权威性和可信度，但绝大多数形象宣传片片尾并未出现作为规划者和主导者的政府职能部门名称。从城市形象传播的角度来看，不完整的信息，可能会弱化其在受众中的影响力。一方面，可能是在形象宣传片制作过程中并未添加此类信息；另一方面也可能因为在视频网站上的发布者往往是普通网民用户，所发布的宣传片并不完整，由不同用户发布的同一条信息在时长上也存在差别，导致部分信息缺失。因此，政府职能部门只重视制作而忽视投放，往往难以达到预期的传播效果和传播目的。从传播文本的数量来看，尽管各城区都有相当数量的宣传片，但传播的连贯性不强，各具差异但又能相互呼应的特质不明显，整体显得较为零散，难以形成具有持续影响力的传播，也难以形成多角度、多层次的形象建构。

第二，"空谷幽云 C8E5C"在土豆视频上发布的"2013 丰台区宣传片整体版"添加了视频详情介绍，通过文字说明视频的内容："丰台区，位于北京城区西南部，为京城八区之一，东西长 35.3 公里，南北宽 15 公里，总面积约 305 平方公里，其中平原面积约 224 平方公里。丰台区是国务院批复的北京城市总体规划确定的城市功能拓展区，是拓展首都外向经济服务功能、承接现代经济要素转移和聚集的前沿。其周边交通发达，囊括北京南站、北京西站、新丰台站等综合交通站点，连接京九、京广、京沪等主要铁路干线，京港澳、京津塘等高速公路起始于此，这使丰台成为北京面向京津冀都市圈的桥头堡。丰台区将加快构建'一轴两带四区'的发展格局，全面提升城市化、现代化、国际化水平，实现区域经济和社会影响力的强势崛起。"爱奇艺视频发布的北京丰台区产业宣传片《力量》（黑钻石国际传媒摄制）的介绍为："将让你重新认识丰台，国家安全在这里维护，国家速度在这里突破，国家力量在这里蓄势，10分钟影片浓缩了近 50 家企业的核心价值，在这里，你看到的不仅仅是丰台，而是一股《力量》，中国的力量。"除这两个视频之外，其余视频文件均未添加对视频进行进一步介绍的文字说明，但上述"2013 丰台区宣传片整体版"视频已经无法观看，提示跳转至优酷视频，也同样无法找到播放源。缺乏文字对于视频传播文本的解读和深化，也就无法通过文字补充和完善视听媒体在传播过程中的瞬时性对信息认知、理解、记忆和接受方面的欠缺。

第三，各城区的宣传片里加入了城区形象定位概念，例如海淀区的"山水海淀 创新之城"，丰台区的"中国丰台：丰收的沃土，成功的舞台"，朝阳区的"凤舞九天——未来的宏图"，但在定位概念传播方面，仅凭一条宣传片难以达到让受众广泛认知和强化记忆的目的，"创新"等概念也常用于城市形象传播中，在城区形象定位的传播方面所能发挥的概念性推广作用会稍有欠缺。

第四，在搜索过程中，以某城区的"形象传播"为关键词的搜索结果均少于以某城区"宣传片"的搜索结果，从侧面反映出"宣传"的思维仍然成为城市形象传播的主流，而视频网站提供的传播形式是互动的，特别是"弹幕"等形式的出现及流行更说明了受众对于视听作品存在强烈的交流互动的欲望，这些新的交流互动形式在城市形象传播过程中并未得到充分运用，这体现出传播文本创作受到"宣传"思维的影响，使得文本本身缺乏话题性，网络用户只能被动接受，无法进一步促成更多的文本与受众之间，以及受众与受众之间的互动，因而难以聚合数量众多的受众，文本也在不断更迭的海量视频文本中下沉而被忽略。特别是同类型信息的干扰和冲击在所难免，例如，搜索"朝阳区形象"，在搜索结果前列的均是"辽宁朝阳"等同类信息，例如 2014 年 11 月 12 日发布的"视龙出品 朝阳形象广告（央视版）抢先看"，其内容就是"'辽宁朝阳欢迎您'播放次数 186 次"，这无疑对北京市朝阳区的形象传播产生了干扰，而这一现象也并非只在视频网站中出现，前述的社交媒体传播中也同样存在"辽宁朝阳"等干扰信息，从搜索位置、信息出现的频次和传播强度等各个方面，辽宁朝阳都有优于北京市朝阳区形象传播的因素。

其三，《我在故宫修文物》传播概况。

2016年1月，央视播出了一档全新的纪录片《我在故宫修文物》，令人意外的是，这部在电视上反响平平的纪录片被搬上了"90后"汇聚的bilibili视频网站，并且一夜爆红。

截至2017年5月13日24点，影片播放量达238万次，总弹幕数6.2万次，收藏量21.8万次，分享数14420次，评论数5826条。豆瓣评分9.3，一度跻身B站的最高全站日排行前列，入选了2016年中国最具影响力的十大纪录片。

故宫对于世界来说并不是一个陌生的字眼，它在很大程度上就是北京城市形象的代名词之一，因此故宫正是北京城市形象宣传的重点题材。

早在2006年，央视就播出了大型纪录片《故宫》，这部国家级的纪录片共12集，每集的海外售价都高达5万美元，创下了中国纪录片最高发行单价的记录，堪称中国纪录片之最。

与之不同的是，《我在故宫修文物》是一部仅有150万元人民币的小制作纪录片，却激发了人们的热烈讨论，网友纷纷表示对修复师的职业有了新的认识，并且非常愿意尝试这一工作，这部纪录片成为故宫最好的"招聘广告"。

网络文化自由发展的时代，观众不满足于一味地被灌输，而是希望能够真正地参与其中。与传统媒体播放视频不同的是，B站独有的弹幕与纪录片本身的旁白、字幕相得益彰，完美融合，给观众提供了独特的观影体验。网友在观看《我在故宫修文物》的同时，可以讨论、吐槽。通过网友的讨论，人们很容易形成强烈的文化认同感，进而将城市形象更好地植入人心。

优酷视频网站三集总播放量为 385.9 万次，其中第一集播放量为 163 万次，第二集为 97.6 万次，第三集为 125.3 万次。

优酷视频网站三集的播放趋势、播放设备、播放网站、人群分布、地区分布等具体数据如图 2-47～图 2-62 所示。

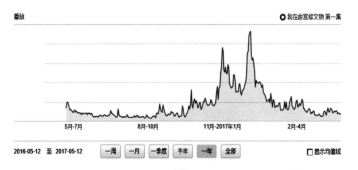

图 2-47 《我在故宫修文物》第一集优酷播放趋势概况

图 2-48 《我在故宫修文物》第一集播放设备与播放网站

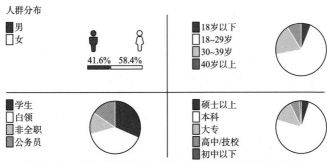

图 2-49 　《我在故宫修文物》第一集优酷收视人群分布

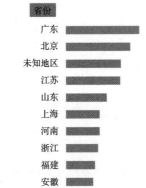

图 2-50 　《我在故宫修文物》第一集优酷收视地区分布

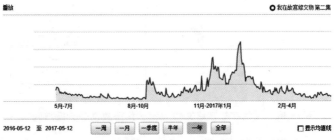

图 2-51 　《我在故宫修文物》第二集优酷播放趋势概况

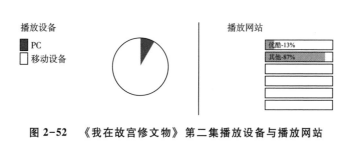

图 2-52　《我在故宫修文物》第二集播放设备与播放网站

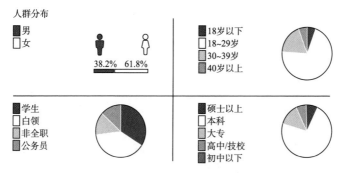

图 5-53　《我在故宫修文物》第二集优酷收视人群分布

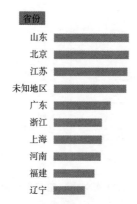

图 2-54　《我在故宫修文物》第二集优酷收视地区分布

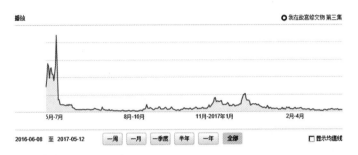

图 2-55 《我在故宫修文物》第三集优酷播放趋势概况

图 2-56 《我在故宫修文物》第三集播放设备与播放网站

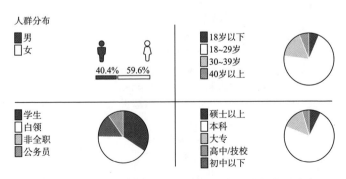

图 2-57 《我在故宫修文物》第三集优酷收视人群分布

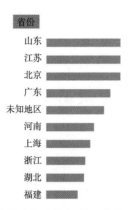

图 2-58 《我在故宫修文物》第三集优酷收视地区分布

在网络热播的促进下,《我在故宫修文物》电影也在 2016 年底制作完成并登上全国各大院线,并再度回归至视频网站持续播出。在视频网站上线的《我在故宫修文物》大电影的播出数据如图 2-59~图 2-62 所示:

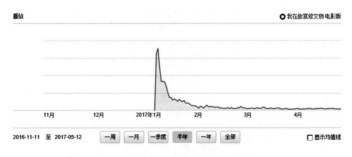

图 2-59 《我在故宫修文物》电影优酷播放趋势概况

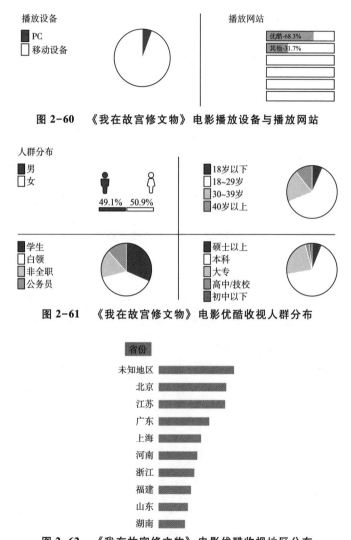

图 2-60　《我在故宫修文物》电影播放设备与播放网站

图 2-61　《我在故宫修文物》电影优酷收视人群分布

图 2-62　《我在故宫修文物》电影优酷收视地区分布

　　不难看出，作为城市形象建构结构中的一部分，作为北京城市历史文化类的标志性旅游符号，故宫在这次网络视频传播中有效利用了网络视频文本与受众之间的互动模式，并在不断涌入的大量受众的推波助澜下成就了此次文化传播的盛宴，也再度激发了人们对故宫、对故宫的历史文化乃至对北京城的热议和向往。这或许正是上述城市以及城市中各城区形象传播可以借鉴的方法和路径。

三 新媒体环境下北京城市
形象传播调查与分析

为了更好地了解北京城市形象传播的基本情况,本研究通过网络问卷和发放式问卷的形式展开了调研,针对中国大陆被访者的问卷 500 份, 回收 476 份, 有效问卷 318 份。

(一) 北京城市形象传播的接触状况分析

1. 北京城市形象传播的信息接触基本情况

(1) 北京城市形象传播的信息接触概况。

北京作为中国的首都以及经济、政治、文化和旅游名城,是中国人出行选择的重点城市,询问"您是否到过北京"时,调查显示,被访者中 84.8% 的人曾经到过北京 (见图 3-1);询问"您是否接触过北京城市形象传播的有关信息"时, 79.53% 的被访者表示接触过北京城市形象传播的信息 (见图 3-2)。这与是否到过北京的被访者比例较为接近,说明通过亲身经历而得来的城市印象和认知也是重要的城市信息来源途径。受访者多数到过北京,多数接触过北京的相关信息,这说明北京城市形象具有一定的传播基础，为后续开展的北京城市形象传播活动创造了较为有利的先决条件。

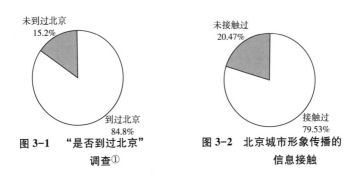

图 3-1 "是否到过北京"
调查①

图 3-2 北京城市形象传播的
信息接触

（2）不同性别受访者北京城市形象传播信息接触情况。

在"是否接触过北京城市形象传播的有关信息"问题的被访者中，选择"是"的男性占所有男性被访者的 85.45%，选择"是"的女性占所有女性被访者的 76.72%，男性比女性的比例略高，说明男性较多地接触了北京城市形象宣传的信息（见图 3-3）。

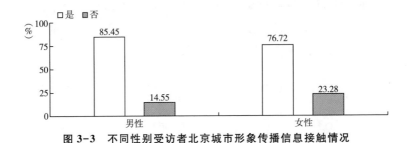

图 3-3 不同性别受访者北京城市形象传播信息接触情况

① 本章图表和表格均为作者根据收回的有效调查问卷表整理制作。各图表和表格下就不再一一说明了。

（3）不同年龄受访者北京城市形象传播信息接触情况。

从不同年龄层次受访者的接触情况来看，18~25 岁的受访者接触比例最多；45~55 岁的受访者接触比例最少，近半数的受访者未接触过北京城市形象传播的信息；55 岁以上的受访者接触比例略有回升（见图 3-4）。

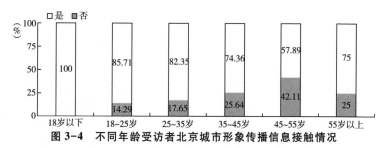

图 3-4　不同年龄受访者北京城市形象传播信息接触情况

（4）不同受教育程度受访者北京城市形象传播信息接触情况。

受访者中，北京城市形象传播的接触情况与受教育程度基本成正比，博士及以上比率略有下降，但也近 80%，专科及以上学历接触过北京城市形象的比例均在 70% 以上，而初中及高中未接触过北京城市形象传播信息的则占绝大部分，初中及以下的仅有 25% 的受访者接触过，高中程度的仅有 33.33% 的人数接触过北京城市形象传播信息（见图 3-5）。

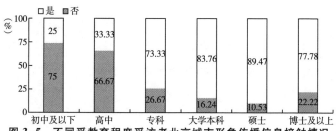

图 3-5　不同受教育程度受访者北京城市形象传播信息接触情况

（5）不同区域受访者北京城市形象传播信息接触情况。

对受访者的区域进行划分后，得到的数据显示，一、二、三线城市接触过信息的受访者占大多数，均在80%以上，而县、乡、村的受访者未接触过的比例较高，且根据所在区域层级的降低，未接触过的受访者比例呈逐渐上升的趋势，乡、村一级区域的受访者未接触过的比例均在50%及以上（见图3-6）。

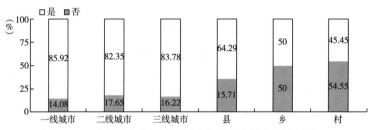

图 3-6　不同区域受访者北京城市形象传播信息接触情况

（6）北京居民与外地居民北京城市形象传播信息接触情况。

根据对现居北京和不在北京居住的受访者的调查，北京居民和外地居民接触过城市形象传播的比例都大于没接触过的，其中，北京居民接触比例（83.33%）略高于外地居民（76.77%）（见图3-7），这说明在现今媒介极度发达的环境下，是否居住在北京并不会成为信息传播的阻碍。

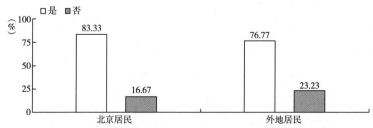

图 3-7　北京居民与外地居民北京城市形象传播信息接触情况

（7）不同收入水平受访者北京城市形象传播信息接触情况。

不同收入水平的受众均有较大比例接触过相关信息，收入30000元人民币以上的受访者全都接触过，月收入10000~30000元人民币的受访者接触比例较多（87.5%），月收入5000~10000元人民币（以下人民币略）的受访者接触比例相对较少（72.5%）（见图3-8）。

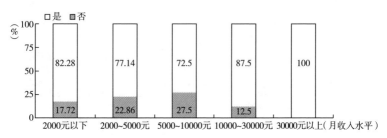

图3-8 不同收入水平受访者北京城市形象传播信息接触情况

2. 北京城市形象传播主题偏好

（1）北京城市形象传播主题偏好概况及其原因。

在询问"您接触的北京城市形象传播的信息为何种主题"时发现，"旅游宣传"（74.26%）和"城市建设"（63.24%）成为受访者接触的最主要的信息内容，印证了上述论点，即北京作为首都是人们旅游选择的热点城市，因而旅游信息往往容易得到较多关注。城市建设一方面与重大活动相关联，例如北京奥运会的鸟巢、水立方建设等，因此在媒体中的曝光概率大幅增加，也促成了人们对该类信息的认知和记忆；另一方面，对于居住在北京的受访者而言，城市建设与个人生活息息相关，因而也备受关注。

其次是文体娱乐（47.79%）和城市环境保护（43.38%），一方面以奥运会为代表的综合性赛事声势浩大，另一方面足球、篮球、网球等各类运动的大型赛事也经常在北京举办，在体育爱好者群体中具有一定的影响力；此外，作为中国社会文化的中心城市，各类文化产品和文化形式的聚合与传播也成为北京文体娱乐类信息增长的重要组成部分。由于北京作为首都的特殊性，城市环境保护问题在各类媒体中也往往成为热点信息，它又与每个个体的生活息息相关，因此信息传播的范围较为广泛。北京作为政治之都和商业之都，政策建设（30.88%）和招商引资（17.65%）的信息也同样重要，但此类信息更具有针对性，相比前几项信息内容而言，受众覆盖面相对较小，因此所占比例相对较低（见图3-9）。

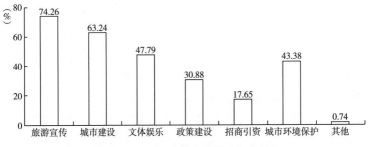

图3-9　北京城市形象传播的主题偏好

对受访者接触这些信息的原因的调查结果显示，大多数受访者是追随热点话题，或是无意间获取这些信息的，并非主动了解相关信息。由此可见，媒体对于北京城市形象相关信息宣传的重要性，人们主要是被动地接受了媒体传播，人际间传播和主动搜索相对只占小部分（见图 3-10）。

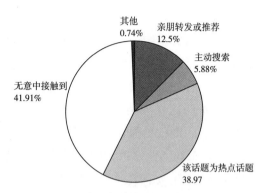

图 3-10　北京城市形象传播中选择该主题信息的原因

（2）不同性别受访者北京城市形象传播主题偏好。

在对北京城市形象传播信息类型接触偏好进行性别差异分析时发现，男性与女性对信息类型的需求均保持着与整体概况"旅游宣传>城市建设>文体娱乐>城市环境保护>政策建设>招商引资>其他"相吻合的排列顺序。除招商引资一项（14.55%）在所有男性被访者中占据的信息接触大于女性中的比例（13.79%）以外，女性接触各类信息的比例均比男性要高，作为多选题，说明女性在信息接触过程中选择的类型更丰富，而男性则可能相对比较单一（见图 3-11）。除问卷中列举出的信息之外，男性有选择"其他"信息类型，而女性所接触的信息则全部囊括在已列举的类型之中。

男性无意间接触的最多（43.64%），热点话题接触其次（29.09%）。女性热点接触最多（31.9%），与无意间接触

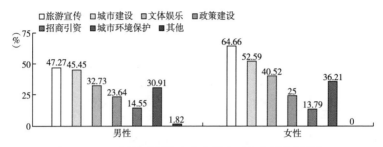

图 3-11　不同性别受访者北京城市形象传播主题偏好

（28.45%）占比较接近，而亲朋转发或推荐以及主动搜索在男性和女性中的比例均较低（见图 3-12）。

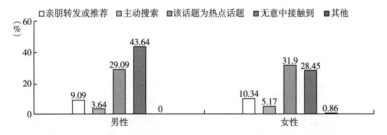

图 3-12　不同性别受访者北京城市形象传播中主题偏好的选择原因

（3）不同年龄受访者北京城市形象传播主题偏好。

从主题偏好来看，旅游宣传在所有年龄受访者中的占比均最多，城市环境保护、城市建设和文体娱乐也占有较大比例，而招商引资以及政策建设因受众面相对较窄，因此只在 18~55 岁人群中有所涉及（见图 3-13）。

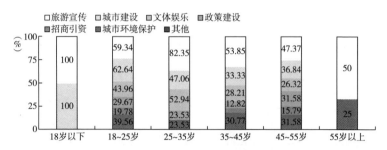

图 3-13　不同年龄受访者北京城市形象传播主题偏好

从接触原因来看，18~25 岁、35~45 岁组和 55 岁以上的受访者选择无意中接触到的比例最多，25~35 岁和 45~55 岁组因为热点话题接触的占比最高，亲朋转发或推荐的比例随着年龄增长所有增加，55 岁以上的受访者从人际关系中获得信息的比例较大（见图 3-14）。

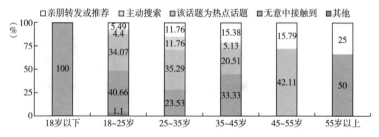

图 3-14　不同年龄受访者北京城市形象传播主题偏好的选择原因

（4）不同受教育程度受访者北京城市形象传播主题偏好。

各个受教育程度的受访者在接触北京城市形象传播时，都以城市宣传和旅游主题为主要选择，其中，初中及以下学历的受访者仅接触过城市宣传和旅游两类，专科以上学历受访者才会接触到相关政策宣传，大学本科以上学历受访者会涉及招商引资，博士及以上学历受访者接触环境保护问题在所有受众中所占比例最多（见图3-15）。

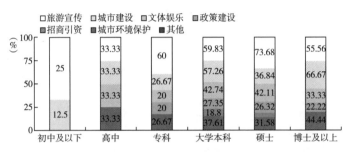

图3-15　不同受教育程度受访者北京城市形象传播主题偏好

初中及以下和高中学历受访者全部为无意中接触，专科到硕士学历受访者则是以热点话题接触为主，博士以上学历受访者是无意中接触为主（见图3-16）。

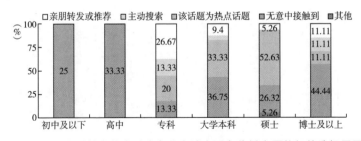

图3-16　不同受教育程度受访者北京城市形象传播主题偏好的选择原因

（5）不同区域受访者北京城市形象传播主题偏好。

各区域受访者均以旅游宣传接触为主，其中城市旅游宣传

北京城市形象传播：新媒体环境下的路径选择研究

的信息获取量大于乡村，此外，城市建设以及文体娱乐的传播主题在各区域受访者中均有涉猎，而招商引资信息的获取量以一线城市居民居多（见图3-17）。

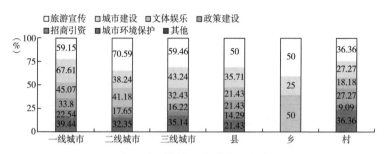

图 3-17　不同区域受访者北京城市形象传播主题偏好

各区域受访者对信息接触的原因仍集中在无意中接触和热点话题接触为主，乡村较少有人是通过亲朋转发推荐以及主动搜索获得信息的（见图3-18）。

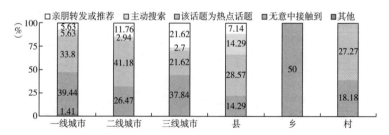

图 3-18　不同区域受访者北京城市形象传播主题偏好的选择原因

（6）北京居民与外地居民北京城市形象传播主题偏好。

从主题偏好上来看，北京居民更重视与自身生活息息相关的城市建设、文体娱乐、政策建设、招商引资和环境保护信息，而外地居民接触旅游形象宣传比例（60.61%）要高于北京居民，其次较多关注城市建设、文体娱乐和城市环境保护信息（见图3-19）。

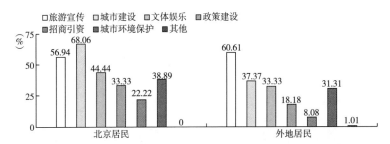

图3-19　北京居民与外地居民北京城市形象传播主题偏好

尽管北京居民和外地居民都以无意中接触和热点接触为主，但外地居民亲朋好友转发推荐一项（13.13%）比例高于北京居民（5.56%），北京居民主动搜索的比例略高于外地居民（见图3-20）。

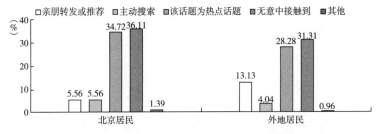

图3-20　北京居民与外地居民北京城市形象传播主题偏好的选择原因

（7）不同收入水平受访者北京城市形象传播主题偏好。

各收入水平的受访者都以旅游宣传接触最多，月收入 2000 元以上至 10000 元收入水平受访者除旅游宣传之外，还比较关注城市建设、文体娱乐和城市环境保护，10000~30000 元月收入水平的受访者对于政策建设有较多关注（见图 3-21）。

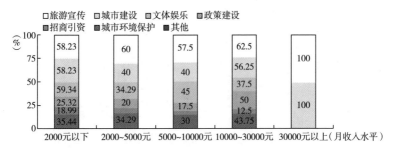

图 3-21　不同收入水平受访者北京城市形象传播主题偏好

整体上看，各收入水平以无意中接触和热点话题接触为主，其中 30000 元以上月收入水平的受访者均为无意中接触，其他受访者中，收入较高的受访者对于热点话题关注的比例较大（见图 3-22）。

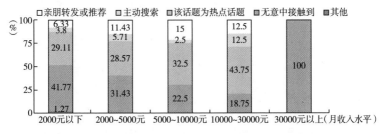

图 3-22　不同收入水平受访者北京城市形象传播主题选择原因

3. 北京城市形象传播的信息接触渠道分析

（1）北京城市形象传播的信息接触渠道概况。

在询问"您通过何种媒体接触的北京城市形象传播信息"一题时，电视媒体依然是传播北京城市形象相关信息的主力军，占80.15%，位居第二、第三的公交车身和地铁交通媒体（44.85%）及户外媒体（36.03%）也主要是传统媒体（见图3-23），这在一定程度上说明，尽管我国正处于新媒体蓬勃发展阶段，但是关于北京城市形象传播的相关信息，依然主要依赖传统媒体传播，在新媒体上的传播则略显不足。即使是使用新媒体，也是将新闻网站（30.15%）作为主要的信息接触平台，但新闻网站的信息传播方式还较多停留在Web1.0时期，互动式的传播方式并未在北京城市形象传播中广泛使用，因此传播方式还有待改进。

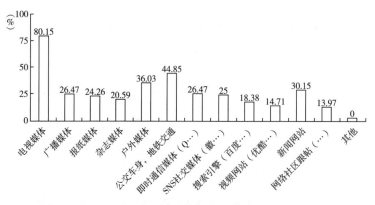

图3-23　北京城市形象传播中信息接触渠道选择

（2）不同性别受访者北京城市形象传播的信息接触渠道。

比较男性与女性在北京城市形象传播的信息接触渠道方面的差异时，电视媒体均成为占比最高的信息接触渠道，其中男性通过电视媒体接触北京城市形象信息的人数占总人数的比例（67.27%）大于女性中通过电视媒体接触北京城市形象信息的人数（62.07%），此外，男性通过报纸（20%）、户外媒体（32.73%）、公交车身与地铁等交通媒体（38.18%）、即时通信媒体（23.64%）的比例分别高于女性的（18.97%、26.72%、34.48%和19.83%）。而女性通过SNS社交媒体获得北京城市形象传播的信息比例（25.52%）远远超出了男性（7.27%），此外，女性通过搜索引擎（15.52%）、视频网站（12.93%）获取信息的比例也高于男性（12.73%和9.09%），广播媒体、杂志媒体和新闻网站则基本相近（见图3-24）。

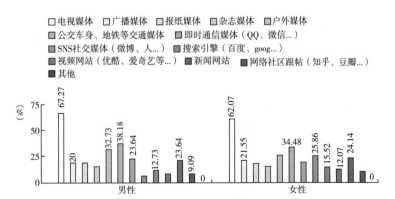

图3-24 不同性别受访者北京城市形象传播的信息接触渠道

（3）不同年龄受访者北京城市形象传播的信息接触渠道。

基本都以电视媒体占比最多，其中 55 岁以上受访者占比最大，35~45 岁组占比最小，18~25 岁组信息接触渠道类型开始增多，25~45 岁组信息接触渠道类型最丰富，比例也更分散，其中户外媒体、新闻网站、交通媒体占据了比较重要的位置。45~55 岁组类型数量开始回落，至 55 岁以上，接触渠道类型减少，除电视外，其他四类媒体——即时通信媒体、户外媒体、公交车身地铁等交通媒体、网络社区媒介——所占比例相对比较均衡（见图 3-25）。

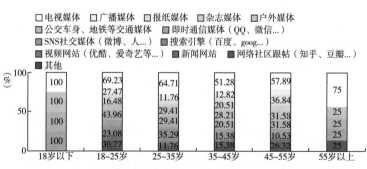

图 3-25　不同年龄受访者北京城市形象传播的信息接触渠道

（4）不同受教育程度受访者北京城市形象传播的信息接触渠道。

初中以下及高中学历受访者接触渠道类型明显少于其他组，仅有三种到四种，大专以上学历受访者接触北京城市形象传播的信息渠道类型较为丰富，其中博士及以上学历组社交媒体接触比例较高（44.44%）（见图 3-26）。

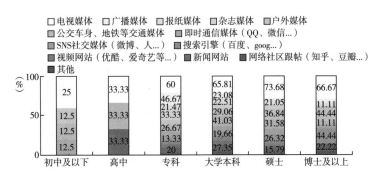

图 3-26 不同受教育程度受访者北京城市形象传播的信息接触渠道

（5）不同区域受访者北京城市形象传播的信息接触渠道。

电视媒体接触占比较大，其中一线城市受访者电视媒体接触占比最大（73.24%），县一级受访者接触媒介类型最少（见图 3-27）。

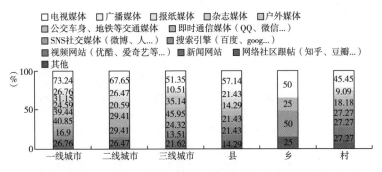

图 3-27 不同区域受访者北京城市形象传播的信息接触渠道

（6）北京居民和外地居民北京城市形象传播的信息接触渠道。

无论是北京居民还是外地居民，通过电视了解北京城市形象相关信息的比例均最高。此外，北京本地居民通过公交、户外、广播媒体接触信息比例大于外地居民。外地居民通过新闻

网站、即时通信媒体、搜索引擎、视频网站的比例高于北京本
地居民（见图3-28）。

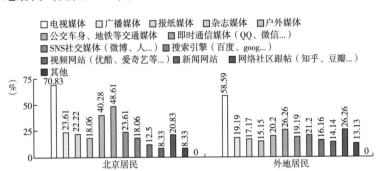

图3-28　北京居民和外地居民北京城市形象传播的信息接触渠道

（7）不同收入水平受访者北京城市形象传播的信息接触
渠道。

电视媒体仍是各收入组接触占比最多的，10000～30000元
月收入水平者电视媒体接触占比最多（75%），2000～5000元月
收入组社交媒体占比低于其他组（8.57%），其他组均在20%左
右（见图3-29）。

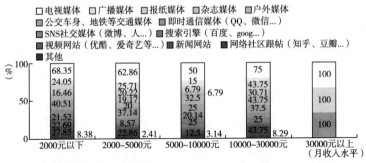

图3-29　不同收入水平受访者北京城市形象传播的信息接触渠道

4. 北京城市形象传播的信息接触类型

（1）北京城市形象传播的信息接触类型概况。

尽管可传播视频的渠道明显少于文字和图片，但视频传播依然占主导地位，这与上述电视媒体是接触城市形象传播信息主要媒体的论据相吻合，也说明了以电视为主导的传统媒体对于相关信息的传播具有重要作用。文字和图片基本持平，可见二者是协同关系。新技术手段正处于发展试验阶段，还未经普及，故所占比例最低（见图3-30）。

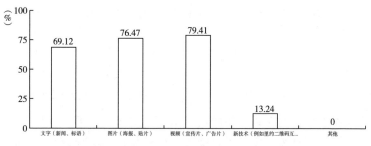

图 3-30 北京城市形象传播中信息接触类型概况

（2）不同性别受访者北京城市形象传播的信息接触类型。

男性对文字、图片和视频类的信息接触没有明显差距，而女性在视频（65.52%）类型上的占比要高于图片，文字更次之。男性对文字信息的接触要高于女性，女性在图片和视频类信息上的接触占比要高于男性（见图3-31）。

（3）不同年龄受访者北京城市形象传播的信息接触类型。

18~25岁和25~35岁组视频宣传材料接触占比最大，且都达到70%，45~55岁组视频宣传材料接触占比同样最大，但仅

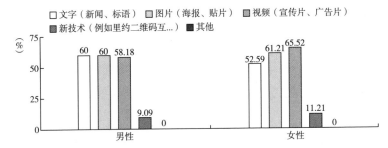

图3-31　不同性别受访者北京城市形象传播的信息接触类型

为（52.63%）、35~45岁组图片材料占比最大（58.97%），55岁以上文字信息接触占比最大（75%）（见图3-32）。

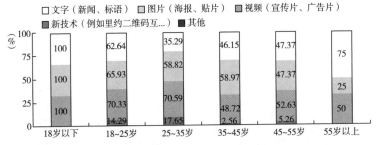

图3-32　不同年龄受访者北京城市形象传播的信息接触类型

（4）不同受教育程度受访者北京城市形象传播的信息接触类型。

各组均以文字、图片、视频三类为主，仅有本科及以上学历者接触到新技术类型，说明新技术本身就需要经历创新扩散的过程，因而在城市形象传播上的应用也需要经历普及和接受的过程（见图3-33）。

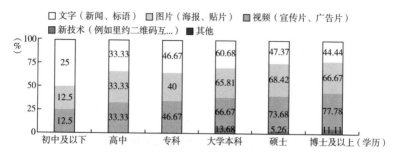

图3-33 不同受教育程度受访者北京城市形象传播的信息接触类型

（5）不同区域北京城市形象传播的信息接触类型。

一、二、三线城市视频、图片、文字接触比例相差不大，县、乡、村文字接触比例较低（见图3-34）。

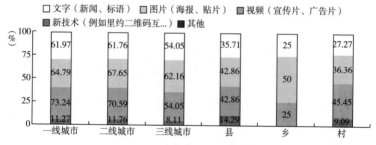

图3-34 不同区域北京城市形象传播的信息接触类型

（6）北京居民和外地居民北京城市形象传播的信息接触类型。

新技术接触和文字接触上北京居民略高于外地居民，平面和视频比例相差不大（见图3-35）。

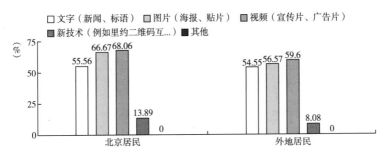

图 3-35　北京居民和外地居民北京城市形象传播的信息接触类型

（7）不同收入水平受访者北京城市形象传播的信息接触类型。

月收入 10000～30000 元组接触文字信息更多（81.25%），其他组还是以视频宣传为主（见图 3-36）。

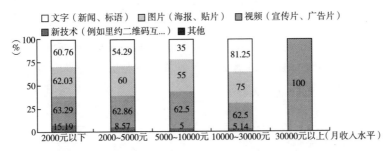

图 3-36　不同收入水平受访者北京城市形象传播的信息接触类型

5. 受访者对北京城市形象传播的信息评价

（1）受访者对北京城市形象传播的信息评价概况。

受访者对于该类信息的评价集中在比较好（56.62%）和一

般（29.41%），有 13.24%的受访者认为非常好，而认为比较差
和非常差的受访者比例不足 1%（见图 3-37）。以 5 分为满分，
北京城市形象传播的信息评价综合评分为 3.82 分，说明现有的
北京城市形象传播的相关信息得到了一定肯定，但仍然有较大
的提升空间。

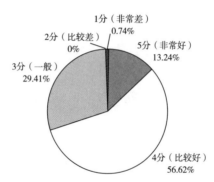

图 3-37　受访者对北京城市形象传播的信息评价概况

（2）不同性别受访者对北京城市形象传播的信息评价分析。

对北京城市形象传播的信息评价方面，男性的评价与女性
的评价基本趋同（见图 3-38）。

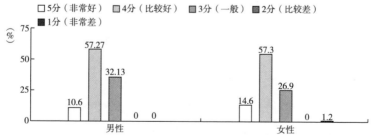

图 3-38　不同性别受访者对北京城市形象传播的信息评价分析

（3）不同年龄受访者对北京城市形象传播的信息评价分析。

25~35 岁组认为比较好的（35.29%）和一般的（35.29%）比例一致，其余几组均是认为比较好的居多，其中 55 岁以上组满意度最高。25~35 岁组满意度较低（见图 3-39）。

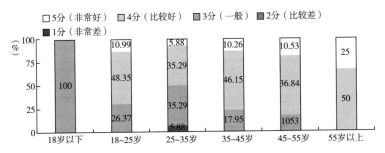

图 3-39 不同年龄受访者对北京城市形象传播的信息评价分析

（4）不同受教育程度的受访者对北京城市形象传播的信息评价分析。

不同受教育程度的受访者较为集中地认为北京城市形象传播的信息一般或比较好，这在一定程度上反映了传播效果的整体概况（见图 3-40）。

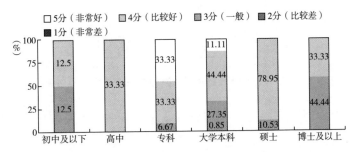

图 3-40 不同受教育程度的受访者对北京城市形象传播的信息评价分析

（5）不同区域受访者对北京城市形象传播的信息评价分析。

一、二、三线城市的受访者普遍认为内容比较好，县、乡、村的受访者多数认为内容一般（见图3-41）。

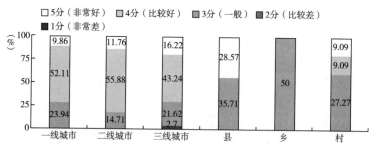

图3-41　不同区域受访者对北京城市形象传播的信息评价分析

（6）北京居民与外地居民对北京城市形象传播的信息评价分析。

北京居民对信息评价总体低于外地居民（见图3-42）。

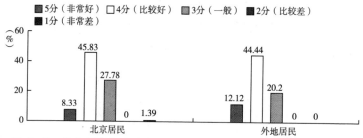

图3-42　北京居民与外地居民对北京城市形象传播的信息评价分析

（7）不同收入水平受访者对北京城市形象传播的信息评价分析。

月收入2000元以下组和月收入2000~5000元组对信息评价

较好，月收入 5000～10000 元组认为信息质量非常差的占 2.5%，月收入 10000～30000 元组没有认为信息非常好的（见图 3-43）。

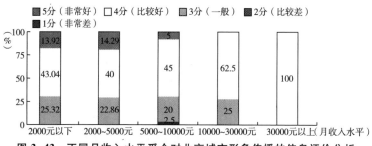

图 3-43　不同月收入水平受众对北京城市形象传播的信息评价分析

6. 受访者产生北京城市形象传播信息评价结果的原因

（1）受访者产生北京城市形象传播评价结果的原因概况。

大多数受访者对这类信息的传播内容予以肯定，特别是对内容丰富和形式生动两方面予以肯定。但由于该类信息客观上存在被动传播的问题，多数人对此类信息不感兴趣，认为与个人需求无关。创意是一件"仁者见仁，智者见智"的事情，所以认为该类信息富有创意和缺乏创意的人数基本持平（见图 3-44、图 3-45）。

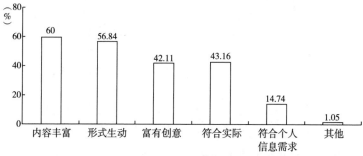

图 3-44　受访者认为北京城市形象传播信息较好的原因

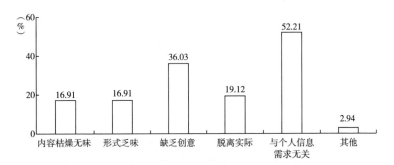

图 3-45　受访者认为北京城市形象传播信息较差的原因

（2）不同性别受访者产生北京城市形象传播评价结果的原因

在觉得这些信息好的人中，男性更倾向于认为是形式生动、富有创意，女性则多认为内容丰富、符合实际、符合个人需求（见图 3-46）。

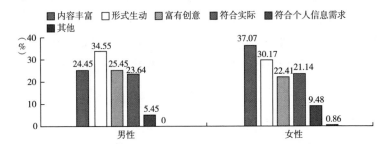

图 3-46　不同性别受访者认为北京城市形象传播信息好的原因

在觉得这些信息差的人中，男性女性都较多地选择了与个人信息需求无关，男性在内容、创意和与实际的关联程度方面满意度较女性更低（见图 3-47）。

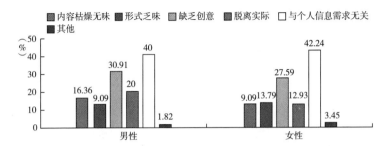

图 3-47　不同性别受访者认为北京城市形象传播信息差的原因

（3）不同年龄受访者产生北京城市形象传播评价结果的原因。

在觉得这些信息好的人中，18~25 岁和 45~55 岁组认为内容丰富的最多，25~35 岁和 35~45 岁组认为形式生动的最多，55 岁以上认为符合实际的最多（75%）（见图 3-48）。

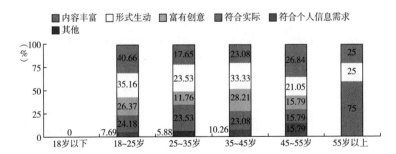

图 3-48　不同年龄受访者认为北京城市形象传播信息好的原因

在觉得这些信息差的人中，18 岁以下受众主要从内容、形式和创意角度来评价，25~35 岁组认为缺乏创意的相比其他年龄层更多，18~25岁组认为与个人信息无关的占比最多，45~55岁组和55岁以上受访者认为无创意和与个人信息需求无关的占比最多，两者比例一致（见图3-49）。

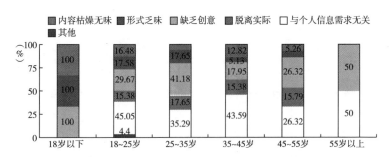

图3-49 不同年龄受访者认为北京城市形象传播信息差的原因

（4）不同受教育程度的受访者产生北京城市形象传播评价结果的原因。

在觉得这些信息好的人中，初中及以下学历者仅有一人填写选择，硕士学历者认为符合实际的占比最多（36.84%），专科学历者认为符合实际的占比最少（20%）（见图3-50）。

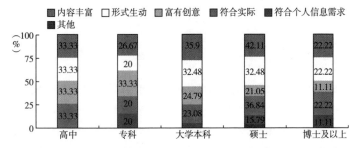

图3-50 不同受教育程度受访者认为北京城市形象传播信息好的原因

在觉得这些信息差的人中，博士及以上学历者认为内容缺乏创意的人最多（55.56%），专科学历者认为与个人信息需求无关的最多（53.33%），博士及以上学历者认为与个人信息需求无关的最少（11.11%）（见图3-51）。

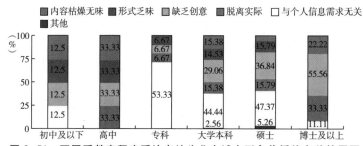

图3-51 不同受教育程度受访者认为北京城市形象传播信息差的原因

（5）不同区域受访者与产生北京城市形象传播评价结果的原因。

在觉得这些信息好的人中，一、二、三线城市的受访者认为符合实际的比例高于县、乡、村的受访者（见图3-52）。

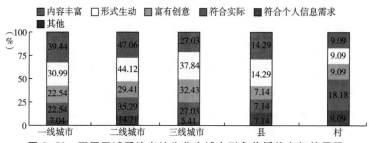

图3-52 不同区域受访者认为北京城市形象传播信息好的原因

在觉得这些信息差的人中，一、二、三线城市的受访者认为不符合实际的比例高于县、乡、村的受访者，城市及县、乡村认为与个人信息需求无关的均是大比例选项，一线城市的受访者认为无关的比例最低（见图 3-53）。

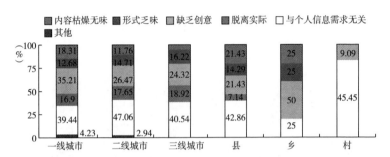

图 3-53　不同区域受访者认为北京城市形象传播信息差的原因

（6）北京居民与外地居民产生北京城市形象传播评价结果的原因。

在觉得这些信息好的原因中，北京居民的排序为内容丰富、形式生动、符合实际、富有创意和符合个人信息需求，外地居民的排序为形式生动、内容丰富、符合实际、富有创意和符合个人需求。其中认为符合实际、形式生动与个人信息需求相关的比例高于北京本地居民（见图 3-54）。

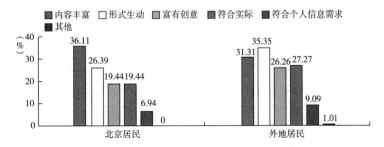

图 3-54　北京居民与外地居民认为北京城市形象传播信息好的原因

在觉得这些信息差的人中，外地居民认为与个人信息需求无关是主要原因（46.46%），北京居民认为与个人信息需求无关和缺乏创意是主要原因（见图 3-55）。

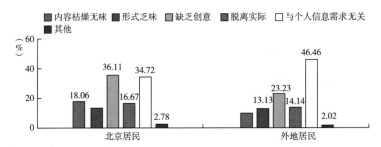

图 3-55 北京居民与外地居民认为北京城市形象传播信息差的原因

（7）不同收入水平受访者产生北京城市形象传播评价结果的原因。

月收入 2000 元以下和月收入 10000~30000 元组认为内容丰富的更多，月收入 2000~5000 元组和月收入 5000~10000 元组认为形式生动的较多（见图 3-56）。

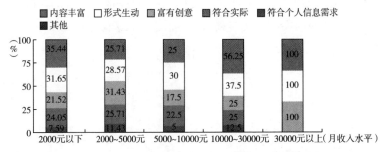

图 3-56 不同收入水平受访者认为北京城市形象传播信息好的原因

在觉得这些信息差的人中，各组认为与个人信息需求无关的比例较高，2000~5000元收入组认为内容脱离实际的比例最多（见图3-57）。

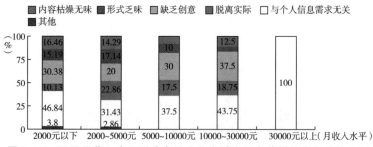

图3-57 不同月收入水平受访者认为北京城市形象传播信息好差的原因

（二）北京城市形象传播状况分析

1. 北京城市形象传播行为的基本情况

（1）北京城市形象传播行为概况。

在受访者中，多数人选择不传播，客观反映了多数人认为此类信息与自己无关（见图3-58）。而在选择传播该类信息的人群中，北京本地人占主导，可见传播与不传播也受限于信息相关性。

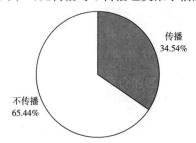

图3-58 北京城市形象传播行为概况

（2）不同性别受访者在北京城市形象传播中的行为差异。

由调查数据可看出，在接触过北京城市形象传播信息的 136 人中，男性会比女性更多地传播有关城市形象的信息（见图 3-59）。

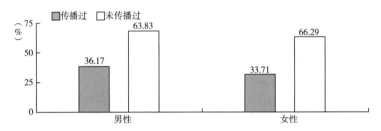

图 3-59　不同性别受访者在北京城市形象传播中的行为差异

（3）不同年龄受访者在北京城市形象传播中的行为差异。

在向他人传播方面，45~55 岁年龄段的人群中有 63.63% 的人曾经传播过有关北京形象传播方面的信息，而在 18~45 岁及 55 岁以上年龄段中，没有向他人传播过该类信息的比重高，45~55 岁年龄段的人为传播北京城市信息的主力军（见图 3-60）。

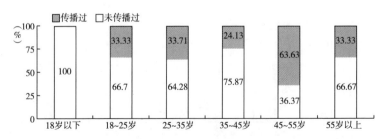

图 3-60　不同年龄受访者在北京城市形象传播中的行为差异

（4）不同受教育程度的受访者在北京城市形象传播中的行为差异。

在是否向他人传播过该类信息的问题中，除初中及以下的各为50%外，其他不同学历的受访者均显示传播过的少于未传播过的（见图3-61）。

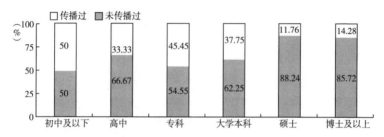

图3-61　不同受教育程度的受访者在北京城市形象传播中的行为差异

（5）不同区域受访者在北京城市形象传播中的行为差异。

调查显示，无论受访者户口所在地为几线城市，向他人传播过有关北京城市形象信息的人都少于没有向他人传播过的（见图3-62）。

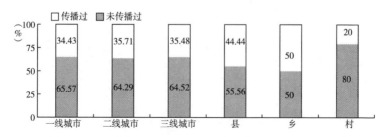

图3-62　不同区域受访者在北京城市形象传播中的行为差异

（6）北京居民与外地居民在北京城市形象传播中的行为差异。

在向他人传播有关北京城市形象信息的问题中，现居北京的受访者比不居住在北京的受访者会更倾向传播北京城市形象信息（见图3-63）。

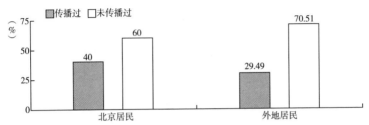

图 3-63　北京居民与外地居民在北京城市形象传播中的行为差异

（7）受访者是否来过北京对其在北京城市形象传播中的行为差异。

在是否向他人传播过该类信息问题中，到过北京的受访者传播过信息的比例远高于未到过北京的受访者（见图3-64）。

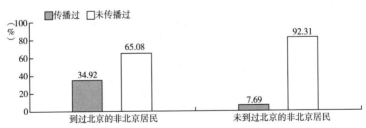

图 3-64　受访者是否到过北京及其在北京城市形象传播中的行为差异

（8）不同收入水平受访者在北京城市形象传播中的行为差异。

在各个收入段中，向他人传播过有关北京城市形象信息的受访者都低于未向他人传播过的人数（见图 3-65）。

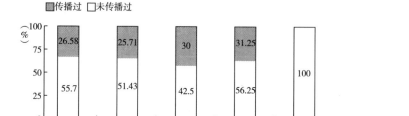

图 3-65　不同收入水平受访者在北京城市形象传播中的行为差异

2. 未产生传播行为的原因

（1）未产生传播行为的原因概况。

部分人认为相关信息的传播渠道存在问题，以致无处分享，而传统媒体相较于新媒体，存在不易分享的弊端（见图 3-66）。由此可见，现阶段传统媒体处于传播的主导地位，但新媒体易于传播的特点正是新媒体发展的动力。

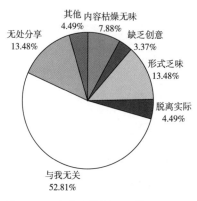

图 3-66　未产生传播行为的原因概况

（2）不同性别的受访者未产生传播行为的原因。

在选择不传播的原因中，男性女性都以传播内容"与我无关"为主要原因，而男性其次的原因为缺乏创意与无处分享，女性则为无处分享与缺乏创意（见图 3-67）。

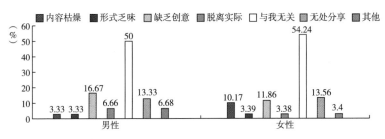

图 3-67　不同性别的受访者未产生传播行为的原因

（3）不同年龄的受访者未产生传播行为的原因。

55 岁以下受访者不传播的原因大多集中在"与我无关"，55 岁以上选择"无处分享"的占半数也反映出不同年龄受访者作为信息传播者的不同心理状态和社会生活状态。

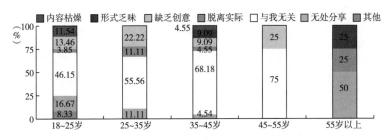

图 3-68　不同年龄的受访者未产生传播行为的原因

（4）受教育程度不同的受访者未产生传播行为的原因。

在选择不传播的原因中，初中及以下学历者选择的主要原因为"无处分享"；而专科学历者选择的主要原因为"与我无关"，其次为"缺乏创意"；大学本科学历者选择的主要原因为"与我无关"，其次为"无处分享""内容枯燥无味"与"缺乏创意"；硕士学历者选择的主要原因为"与我无关"，其次为"缺乏创意"与"无处分享"；博士及以上学历者选择的主要原因为"与我无关"（见图3-69）。

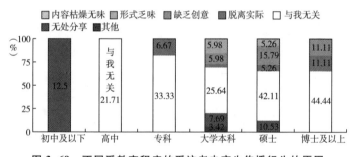

图3-69 不同受教育程度的受访者未产生传播行为的原因

（5）不同区域的受访者未产生传播行为的原因。

各级城市选择不传播的主要原因皆为"与我无关"；一线城市的受访者认为其他主要因素依次为"缺乏创意""无处分享""内容枯燥""其他"；二线城市的受访者则为"缺乏创意""无处分享"；三线城市的受访者为"无处分享"（见图3-70）。

（6）北京居民与外地居民未产生传播行为的原因。

无论是否居住在北京，选择不传播的主要原因皆为"与我无关"；居住在北京的受访者表示"无处分享"与"缺乏创意"

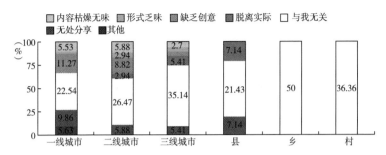

图 3-70　不同区域的受访者未产生传播行为的原因

也是不传播的原因；而未居住在北京的受访者则表示"内容枯燥无味""缺乏创意""无处分享""脱离实际""形式乏味"皆为不传播的原因（见图 3-71）。

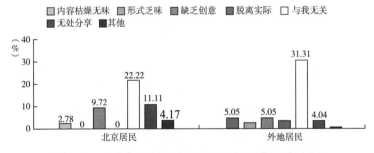

图 3-71　北京居民与外地居民未产生传播行为的原因

（7）是否到过北京对受访者未产生传播行为的影响

在选择不传播的原因中，到过北京的受访者表示"与我无关"为主要原因，其次为"无处分享""缺乏创意"与"内容枯燥无味"；未到过北京的受访者表示"与我无关"为主要原因，其次为"缺乏创意"（见图 3-72）。

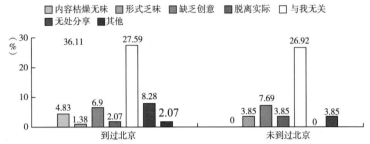

图 3-72　是否到过北京的受访者未产生传播行为的原因

（8）不同收入水平的受访者未产生传播行为的原因。

在选择不传播的原因中，各个收入段的人皆认为"与我无关"是主要原因。月收入在 2000 元以下的受访者认为其他因素为"无处分享""缺乏创意""内容枯燥""形式乏味"；月收入 2000~5000 元的受访者认为其他因素依次为"无处分享""脱离实际""缺乏创意""内容枯燥""形式乏味"；月收入 5000~10000 元段的受访者认为其他因素为"内容枯燥""形式乏味""缺乏创意""脱离实际"；月收入 10000~30000 元的受访者则认为"缺乏创意"为其次因素；月收入 30000 元以上的受访者认为"无处分享"为主要原因（见图 3-73）。

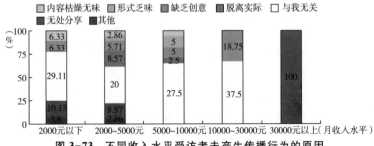

图 3-73　不同收入水平受访者未产生传播行为的原因

3. 北京城市形象的传播渠道

（1）北京城市形象传播渠道概况。

即时通信媒体、社交媒体以及网络社区是受众传播北京城市形象的主要渠道（见图3-74），这也是受媒介使用的便利性所影响，上述三类媒介更容易被使用，而视频、搜索引擎等在信息发布过程中相对困难。

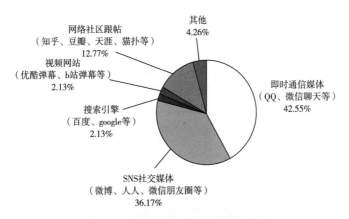

图 3-74　北京城市形象传播渠道概况

（2）不同性别受访者传播北京城市形象的渠道差异。

男性的主要传播渠道为即时通信媒体与网络社区跟帖；而女性的主要传播渠道则是 SNS 社交媒体与即时通信媒体（见图3-75）。

（3）不同年龄受访者传播北京城市形象的渠道差异。

在传播的渠道选择中，18 岁以下的主要传播渠道为即时通信媒体；18~25 岁，45~55 岁多数以即时通信媒体为主要

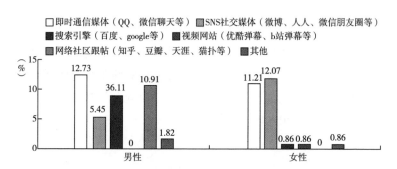

图 3-75　不同性别受众传播北京城市形象的渠道差异

传播渠道，其次为 SNS 社交媒体，18~25 岁还有少部分选择
网络社区跟帖形式传播；35~45 岁的传播渠道最为多样，除即
时通信媒体与 SNS 社交媒体外，搜索引擎、视频网站、网络
社区都有所使用；55 岁以上则以 SNS 社交媒体为主（见图
3-76）。

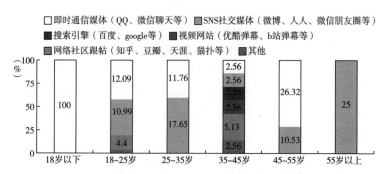

图 3-76　不同年龄受访者传播北京城市形象的渠道差异

（4）不同受教育程度的受访者传播北京城市形象的渠道差异。

在传播的渠道方面，初中及以下学历者主要为即时通信媒体；高中学历者主要为 SNS 社交媒体；专科学历者为即时通信媒体，也有少部分选择搜索引擎；大学本科学历者的主要传播渠道为即时通信媒体与 SNS 社交媒体，其次为网络社区跟帖；硕士、博士及以上学历者主要为 SNS 社交媒体（见图3-77）。

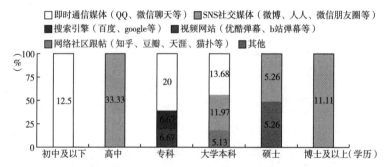

图 3-77　不同受教育程度的受访者传播北京城市形象的渠道差异

（5）不同地域受访者传播北京城市形象的渠道差异。

一线城市传播渠道集中于即时通信媒体与 SNS 社交媒体，也有受访者使用网络社区跟帖传播；二线城市集中于 SNS 社交媒体，其次为即时通信媒体与网络社区跟帖；三线城市集中在即时通信媒体，其他传播渠道也有少数选择；县级则会使用网络社区跟帖、即时通信媒体、SNS 社交媒体等渠道传播（见图3-78）。

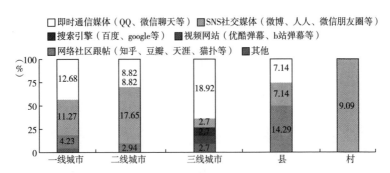

图 3-78　不同地域受访者传播北京城市形象的渠道差异

（6）北京居民和外地居民传播北京城市形象的渠道差异。

无论是否居住在北京，即时通信媒体与 SNS 社交媒体皆为传播的主要渠道，也有少部分选择网络社区跟帖以及其他渠道传播；未居住在北京的受访者也有少部分受访者使用搜索引擎与视频网站传播信息（见图 3-79）。

（7）是否到过北京的受访者传播北京城市形象的渠道差异。

在传播的渠道方面，到过北京的受访者以即时通信媒体与 SNS 社交媒体进行传播为主，少数受访者也会选择网络社区跟帖来传播（见图 3-80）。

（8）不同收入水平的受访者传播北京城市形象的渠道差异。

在传播渠道方面，各个收入段的受访者都以即时通信媒体与 SNS 社交媒体为主要传播方式，各个收入段的受访者也会有少部分使用网络社区跟帖传播信息。月收入 2000 元以下的受访者还会使用视频网站传播，月收入 5000~10000 元段的受访者会使用其他方式传播（见图 3-81）。

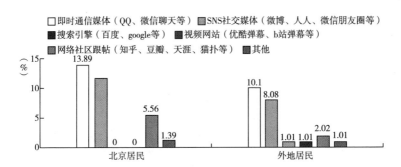

图 3-79　北京居民和外地居民传播北京城市形象的渠道差异

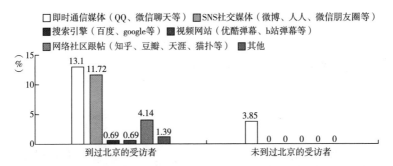

图 3-80　是否到过北京的受访者传播北京城市形象的渠道差异

4. 北京城市形象的传播范围及人数

（1）北京城市形象传播范围及人数概况。

由于该类信息具有局限性，所以多数人倾向于一对少的传播，而并非广而告之。这也决定了人们的传播渠道以微信等即时通信媒体和微博等 SNS 社交媒体为主，其他渠道只占小部分（见图 3-82）。

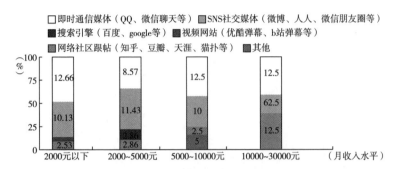

图3-81　不同收入水平的受访者传播北京城市形象的渠道差异

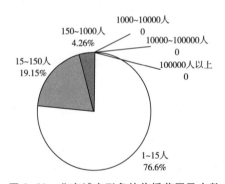

图3-82　北京城市形象的传播范围及人数

（2）不同性别受访者传播北京城市形象的范围及人数差异。

男性与女性普遍每次会向1~15人传播此类信息，女性以小群体为主，而少部分男性会向150~1000人较大规模传播（见图3-83）。

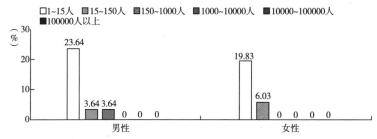

图3-83　不同性别受访者传播北京城市形象的范围及人数差异

（3）不同年龄受众传播北京城市形象的范围及人数差异。

在传播范围问题中，各个年龄阶段皆以1~15人的小范围传播为主，18~25岁、25~35岁、45~55岁年龄段的受访者也会向15~150人范围传播，在35~45岁年龄段也有5.13%的受访者会向150~1000人的较大范围传播（见图3-84）。

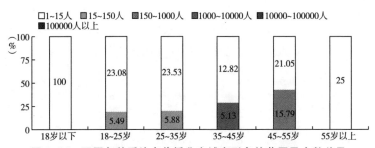

图3-84　不同年龄受访者传播北京城市形象的范围及人数差异

（4）不同受教育程度的受访者传播北京城市形象的范围及人数差异。

在每次向多少人传播此类信息问题中，初中及以下、高中、专科、博士及以上学历的受访者都表示向 1~15 人小范围传播；
大学本科受访者大部分表示会向 1~15 人传播，其次为 15~150
人，也有少部分会向 150~1000 人传播；硕士学历受访者则会向
1~15 人与 15~150 人范围传播（见图 3-85）。

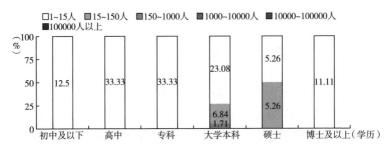

图 3-85　不同受教育程度受访者传播北京城市形象的范围及人数差异

（5）不同地域受访者传播北京城市形象的范围及人数差异。

各级城市在每次向多少人传播此类信息问题的回答中，选
择都集中于 1~15 人；一线及二线城市有少数受访者向 15~150
人、150~1000 人的较大范围传播（见图 3-86）。

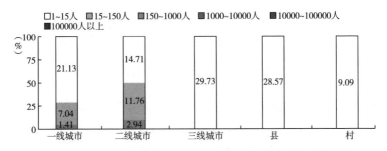

图 3-86　不同地域受访者传播北京城市形象的范围及人数差异

（6）北京居民和外地居民传播北京城市形象的范围及人数差异。

现居北京的受访者与未居北京的受访者，在每次向多少人传播此类信息的问题中，大部分都选择向 1~15 人传播，其次为向 15~150 人、150~1000 人传播（见图 3-87）。

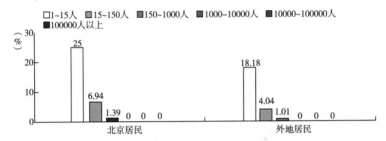

图 3-87　北京居民和外地居民传播北京城市形象的范围及人数差异

（7）是否来过北京的受众传播北京城市形象的范围及人数差异。

在每次向多少人传播信息的问题中，到过北京的受访者大部分向 1~15 人规模传播，少部分向 15~150 人、150~1000 人等较大规模传播（见图 3-88）。

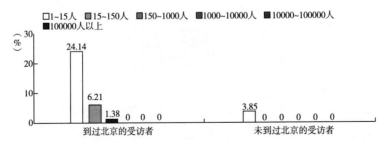

图 3-88　是否来过北京的受访者传播北京城市形象的范围及人数差异

（8）不同收入水平的受访者传播北京城市形象的范围及人数差异。

在每次向多少人传播此类信息的问题中，各收入段普遍传播至 1~15 人，少数传播至 15~150 人，其中 2000~5000 元收入以及 10000~30000 元收入的受访者有传播至 150~1000 较大范围人群中（见图 3-89）。

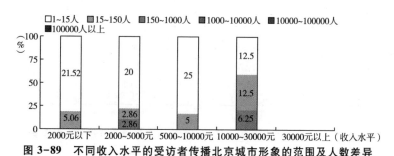

图 3-89　不同收入水平的受访者传播北京城市形象的范围及人数差异

5. 受访者传播北京城市形象的原因

（1）受访者传播北京城市形象的原因概况。

传播者更倾向于传播自己的看法，因而信息内容较少（见图 3-90）。

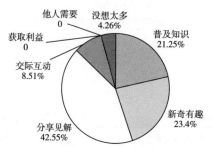

图 3-90　受访者传播北京城市形象的原因概况

（2）不同性别的受访者传播北京城市形象的原因。

女性与男性向他人传播的主要原因都为"分享见解"，"新奇有趣"与"普及知识"也为分享原因。也有部分男性会因为交际互动与他人传播信息（见图3-91）。

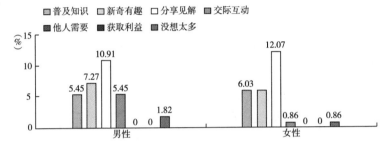

图3-91 不同性别的受访者传播北京城市形象的原因

（3）不同年龄的受访者传播北京城市形象的原因。

在向他人传播的原因选择上，18岁以下的主要选择为"分享见解"；18~25岁年龄段的以"新奇有趣"与"分享见解"为主，"普及知识""交际互动"与"没想太多"也是传播原因；25~35岁的主要为"分享见解"，"新奇有趣"也为传播原因；35~45岁的主要传播原因为"普及知识"与"分享见解"，"交际互动"与"没想太多"也为传播理由；55岁以上则主要因"交际互动"而进行传播（见图3-92）。

（4）受教育程度不同的受访者传播北京城市形象的原因。

在向他人传播的原因问题中，专科学历的受访者主要选择"普及知识"；大学本科的主要选择为"分享见解"，其次为"新奇有趣""普及知识"与"交际互动"（见图3-93）。

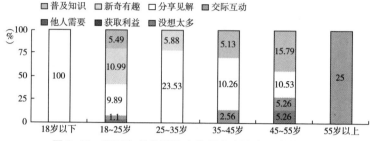

图 3-92 不同年龄的受访者传播北京城市形象的原因

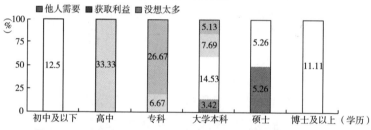

图 3-93 受教育程度不同的受访者传播北京城市形象的原因

（5）不同区域的受访者传播北京城市形象的原因。

在向他人传播原因的选择方面，"分享见解"是各级城市的主要选择；"新奇有趣""普及知识"与"交际互动"为一二三线城市的其他选择，其中一线城市也有少数受访者选择"没想太多"；县级城市则为"新奇有趣"与"普及知识"（见图 3-94）。

（6）北京居民与外地居民传播北京城市形象的原因。

在向他人传播的原因中，"分享见解"与"新奇有趣"为北京居民选择传播的主要原因，其次为"普及知识"；外地居民

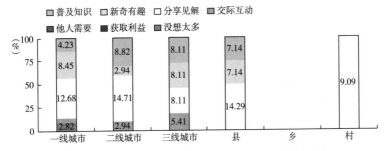

图3-94　不同区域的受访者传播北京城市形象的原因

表示"分享见解"为选择传播的主要原因，其次为"普及知识"与"新奇有趣"（见图3-95）。

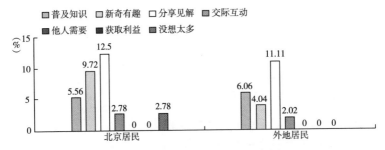

图3-95　北京居民与外地居民传播北京城市形象的原因

（7）是否到过北京的受访者传播北京城市形象的原因。

"分享见解"为全部受访者主要向他人传播的原因，到过北京的受访者的传播原因还有"新奇有趣""普及知识"与"交际互动"（见图3-96）。

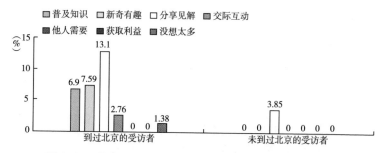

图3-96　是否到过北京的受访者传播北京城市形象的原因

（8）不同收入水平的受访者传播北京城市形象的原因。

向他人传播的原因中，月收入2000元以下群体以"新奇有趣"与"分享见解"为主要原因，其次为"普及知识"，也有调查者表示传播时"没想太多"；其余收入段均以"分享见解"为主要原因，"普及知识""新奇有趣""交际互动"为次要原因，月收入10000～30000元组也有少量受访者表示在传播时"没想太多"（见图3-97）。

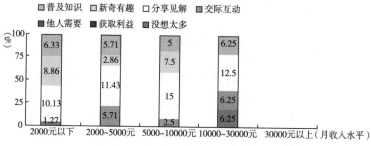

图3-97　不同收入水平的受访者传播北京城市形象的原因

（三）北京城市形象传播的认知和态度状况

1. 受访者对北京城市的了解程度

（1）受访者对北京城市的了解程度概况。

大多数受访者对北京城市的了解程度处于中等水平，比较了解和一般了解的占比超过60%，认为非常了解和不太了解的受众比例基本相当，完全不了解的受众只占不足3%的比例（见图3-98）。可见通过多种渠道、多种信息形式和多主题的北京城市形象传播收获了一定的传播效果，但从美誉度方面还有较大的提升空间。

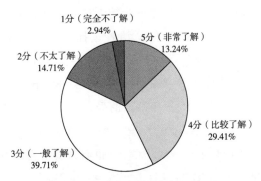

图3-98　受访者对北京城市的了解程度

（2）不同性别的受访者对北京城市的了解程度差异。

男性对北京的了解程度主要集中在4分（比较了解）与3分（一般了解），而女性对于北京的了解程度则集中于3分（一般了解）（见图3-99）。

（3）不同年龄的受访者对北京城市的了解程度差异。

在对北京了解程度自我打分中，18岁以下的受访者主要选

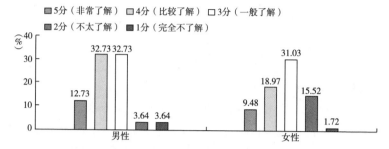

图3-99 不同性别的受访者对北京城市的了解程度差异

择3分（一般了解）；18～25岁则集中于4分（比较了解）与3分（一般了解），有10%以上的受访者选择5分（非常了解）、2分（不太了解），也有3%的受访者选择1分（完全不了解）；25～35岁与35～45岁年龄段的选择都主要集中于3分（一般了解），也有部分选择5分（非常了解）、4分（比较了解）与2分（不太了解）；45～55岁年龄段的受访者则主要选择4分（比较了解），其次依次是3分（一般了解）、5分（非常了解）；55岁以上则集中于3分（一般了解），也有选择2分（不太了解）（见图3-100）。

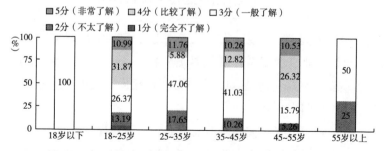

图3-100 不同年龄的受访者对北京城市的了解程度差异

（4）不同受教育程度的受访者对北京城市的了解程度差异。

在对北京了解程度自我打分中，初中及以下学历受访者主要选择3分（一般了解）；专科学历受访者主要选择2分（不太了解）与3分（一般了解），其次为4分（比较了解）；大学本科学历受访者主要集中于3分（一般了解）与4分（比较了解），其次为2分（不太了解）与5分（非常了解）；硕士学历受访者主要集中于3分（一般了解），其次为4分（比较了解）；博士集中于3分（一般了解）（见图3-101）。

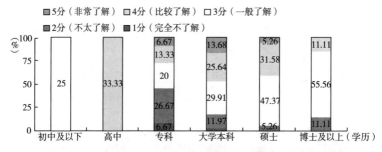

图3-101 不同受教育程度的受访者对北京城市的了解程度差异

（5）不同区域的受访者对北京城市的了解程度差异。

在对北京了解程度自我打分中，一线城市集中在4分（比较了解），其次是5分（非常了解）、3分（一般了解）、2分（不太了解）、1分（完全不了解）；二线城市则集中于3分（一般了解），其次为4分（比较了解）；三线城市集中于3分（一般了解），其次为2分（不太了解）；县级集中于3分（一般了解），其次为4分（比较了解），村级则集中于2分（不太了解）（见图3-102）。

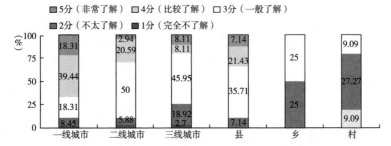

图 3-102　不同区域的受访者对北京城市的了解程度差异

（6）北京居民与外地居民对北京城市的了解程度差异。

在对于北京了解程度自我打分中，居住在北京的受访者集中于 4 分（比较了解），其次为 3 分（一般了解）与 5 分（非常了解）；未居住在北京的受访者集中于 3 分（一般了解），其次为 2 分（不太了解）与 4 分（比较了解）（见图 3-103）。

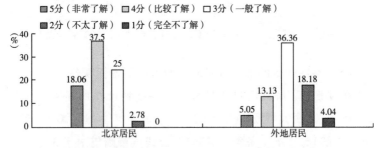

图 3-103　北京居民与外地居民对北京城市的了解程度差异

（7）是否到过北京的受访者对北京城市的了解程度差异。

受访者在对北京了解程度自我打分中，到过北京的受访者选择集中在 3 分（一般了解）与 4 分（比较了解），少部分选择

4分（比较了解）与2分（不太了解）；而未到过北京的受访者选择集中在2分（不太了解），少部分选择3分（一般了解）与1分（完全不了解）。证明亲身经历对城市形象认知、理解具有十分显著的促进作用（见图3-104）。

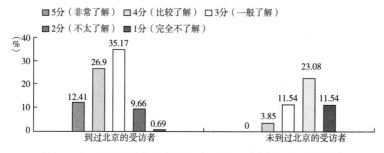

图3-104 是否到过北京的受访者对北京城市的了解程度差异

（8）不同收入的受访者对北京城市的了解程度差异。

在对于北京了解程度自我打分中，月收入2000元以下群体集中于4分（比较了解）与3分（一般了解），其次依次为2分（不太了解）、5分（非常了解）、1分（完全不了解）；月收入2000~5000元段主要集中于3分（一般了解），其次为4分（比较了解）、5分（非常了解）、2分（不太了解）与1分（完全不了解）；月收入5000~10000元段主要集中于3分（一般了解），其次为4分（比较了解）、2分（不太了解）；月收入10000~30000元段则主要集中于4分（比较了解）与3分（一般了解），有少数选择5分（非常了解）、2分（不太了解）（见图3-105）。

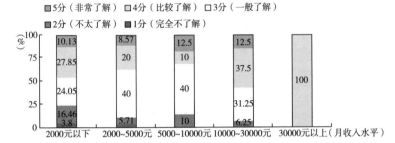

图3-105　不同收入的受访者对北京城市的了解程度差异

2. 受访者对北京城市的评价情况

（1）受访者对北京城市的评价概况。

通过调查数据分析结果可以看到，对北京城市形象的整体评价较好，认为比较差和非常差的只占不足8%，其中认为北京城市非常好的占了近20%（见图3-106）。

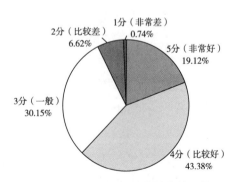

图3-106　受访者对北京城市的评价

（2）不同性别受访者对北京城市的评价差异。

男性与女性对北京的总体感觉打分均集中于 4 分（比较好），女性选择 5 分（非常好）的比例高于男性，显示女性对于北京的总体感觉好于男性（见图 3-107）。

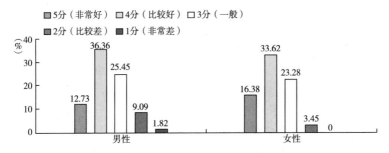

图 3-107　不同性别受访者对北京城市的评价

（3）不同年龄受访者对北京城市的评价差异。

在对北京的总体感觉打分中，18~25 岁主要集中于 4 分（比较好），其次为 3 分（一般）、5 分（非常好），2 分（比较差）与 1 分（非常差）也有选择；25~35 岁则集中于 4 分（比较好）与 3 分（一般），其次为 5 分（非常好）与 2 分（比较差），没有选择 1 分（非常差）的；35~45 岁主要集中于 3 分（一般），其次为 5 分（非常好）与 4 分（比较好）、2 分（比较差）。45~55 岁集中于 4 分（比较好），其次为 5 分（非常好）与 3 分（一般）；由此可见青年群体与中老年群体对于北京的印象会好于中青年群体（见图 3-108）。

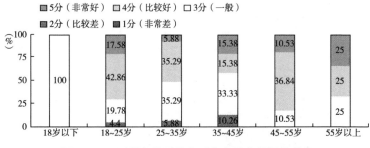

图 3-108　不同年龄受访者对北京城市的评价差异

（4）不同受教育程度的受访者对北京城市的评价差异。

在对北京的总体感觉打分中，专科学历受访者集中在 5 分（非常好），其次为 3 分（一般）；大学本科学历受访者主要集中于 4 分（比较好），其次为 3 分（一般）与 5 分（非常好）；硕士学历受访者主要认为在 3 分（一般），其次为 4 分（比较好）；博士及以上学历受访者主要认为在 3 分（一般），其次为 4 分（比较好）（见图 3-109）。

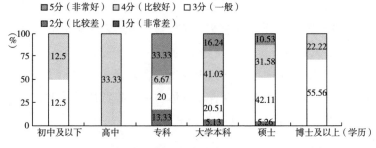

图 3-109　不同受教育程度的受访者对北京城市的评价差异

（5）不同区域的受访者对北京城市的评价差异。

在对北京的总体感觉打分中，一线与二线城市集中于 4 分（比较好），其次为 3 分（一般）与 5 分（非常好）；三线城市与县、乡、村级则集中于 3 分（一般）与 4 分（比较好）（见图 3-110）。

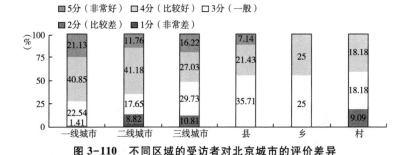

图 3-110　不同区域的受访者对北京城市的评价差异

（6）北京居民和外地居民对北京城市的评价差异。

在对北京的总体感觉打分中，居住在北京的受访者集中于 4 分（比较好），其次为 3 分（一般）与 5 分（非常好）；未居住在北京的受访者集中于 4 分（比较好）与 3 分（一般），其次为 5 分（非常好）（见图 3-111）。

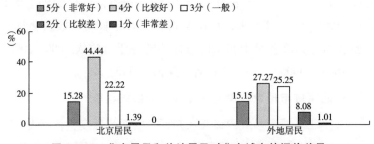

图 3-111　北京居民和外地居民对北京城市的评价差异

（7）是否到过北京的受访者对北京城市的评价差异。

在对北京的总体感觉打分中，到过北京的受访者选择集中在4分（比较好），其次为3分（一般）与5分（非常好）；而未到过北京的受访者选择集中在3分（一般），少部分选择4分（比较好）与2分（比较差）（见图3-112）。

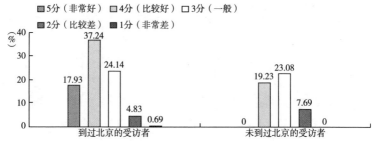

图3-112 是否到过北京的受访者对北京城市的评价差异

（8）不同收入水平的受访者对北京城市的评价差异。

在对于北京的总体感觉方面，月收入2000元以下段与月收入2000~5000元段的受访者都集中于4分（比较好），其次为3分（一般）与5分（非常好）；月收入5000~10000元与10000~30000元段则集中于4分（比较好）与3分（一般），也有少数选择5分（非常好）；总体看来，月收入2000元以下段与月收入2000~5000元段的受访者对于北京的总体感觉好于月收入5000~10000元与10000~30000元段的受访者（见图3-113）。

3. 北京城市形象传播与认知评价的匹配程度

（1）北京城市形象传播与认知评价的匹配程度整体概况。

在对"认为北京城市形象传播的内容与您心目中的北京的匹

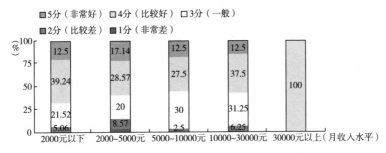

图 3-113　不同收入水平的受众对北京城市的评价差异

配程度"打分时，大多数受访者均认为北京城市形象传播与认知
评价比较一致，只有不足 8% 的受访者认为比较不一致或很不一致
（见图 3-114）。

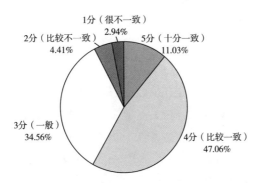

图 3-114　北京城市形象传播与认知评价的匹配程度

（2）北京城市形象传播与不同性别受访者认知评价的匹配
程度。

男性认为北京城市形象传播的内容与心目中北京形象的匹
配程度集中于 3 分（一般），而女性对于北京城市形象传播内容

的匹配程度则主要集中于 4 分（比较一致），表明北京城市形象传播内容在女性心中的匹配程度高于男性（见图 3-115）。

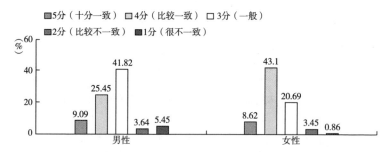

图 3-115 北京城市形象传播与不同性别受访者认知评价的匹配程度

（3）北京城市形象传播与不同年龄受访者认知评价的匹配程度。

18~25 岁受访者普遍认为北京城市形象传播的内容与心目中的北京"比较一致"（45.05%），其次为"一般""十分一致""比较不一致"，也有少数选择"很不一致"；25~35 岁受访者的主要感觉为"比较一致"（35.29%）与"一般"（29.41%），也有少量受访者认为内容与北京形象"十分一致""比较不一致"，或"很不一致"；45~55 岁受访者大部分认为传播内容与北京形象"比较一致"（31.58%），其次为"十分一致"与"一般"；55 岁以上受访者则主要认为"比较一致"，其次为"一般"（见图 3-116）。

（4）北京城市形象传播与不同受教育程度受访者认知评价的匹配程度。

在回答北京城市形象传播内容与心中北京形象的匹配程度

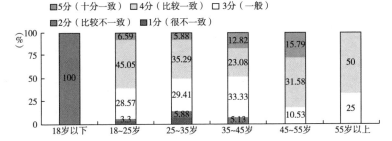

图3-116　北京城市形象传播与不同年龄受访者认知评价的匹配程度

问题时，专科学历的集中于4分（比较一致），其次为5分（十
分一致）；大学本科学历的选择主要集中于4分（比较一致），
其次为3分（一般）；硕士与博士及以上学历的主要选择集中于
3分（一般），其次为4分（比较一致）（见图3-117）。

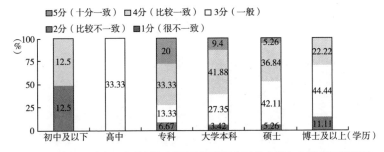

图3-117　北京城市形象传播与不同受教育程度受访者认知评价的匹配程度

（5）北京城市形象传播与不同区域受访者认知评价的匹配
程度。

在北京城市形象传播的内容与北京的匹配程度打分中，一线与
二线城市集中于4分（比较一致）；三线城市与村级集中于3分

（一般）与 4 分（比较好）；县级与乡级则集中于 3 分（一般）（见图 3-118）。

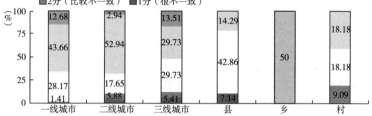

图 3-118　北京城市形象传播与不同区域受访者认知评价的匹配程度

（6）北京城市形象传播与北京居民及外地居民认知评价的匹配程度。

无论是否居住在北京，大部分受访者都认为北京城市形象传播的内容与其心目中的北京形象匹配程度为 5 分（非常好），其次为 3 分（一般）与 5 分（十分一致）（见图 3-119）。

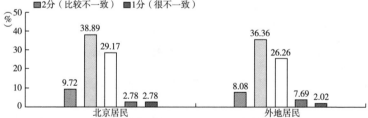

图 3-119　北京城市形象传播与北京居民及外地居民认知评价的匹配程度

（7）北京城市形象传播与是否到过北京的受访者认知评价的匹配程度

到过北京的受访者的选择集中在 4 分（比较一致），其次为

3分（一般）与5分（非常一致）；而未到过北京的受访者选择集中在3分（一般），少部分选择4分（比较一致）与2分（比较不一致）（见图3-120）。

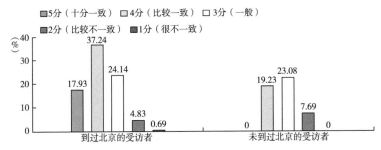

图3-120 北京城市形象传播与是否到过北京受访者的认知评价的匹配程度

（8）北京城市形象传播与不同收入水平受访者认知评价的匹配程度。

在认为北京城市形象传播的内容与调查者心中北京形象匹配程度问题上，月收入2000元以下段的受访者与月收入2000~5000元的受访者都集中于4分（比较一致），其次为3分（一般）、5分（十分一致）；月收入5000~10000元则集中于4分（比较一致）与3分（一般），其次为5分（十分一致）、1分（很不一致）、2分（比较不一致）；月收入10000~30000元集中于3分（一般），其次为4分（比较一致）、5分（十分一致）与2分（比较不一致）（见图3-121）。

4. 北京城市形象传播与受访者认知评价不匹配的内容

（1）北京城市形象传播与受访者认知评价不匹配的内容概况。

在被调查者中，有接近一半的人认为现有的北京城市形象

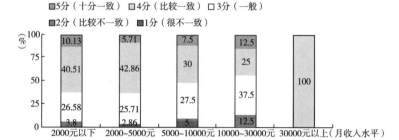

图 3-121 北京城市形象传播与不同收入水平受访者认知评价的匹配程度

传播信息在城市环境方面的宣传与事实不符，可见群众对于环境问题的关切度极高，北京城市环境的相关宣传存在实际情况与宣传不符的情况，有待改进。城市建设、文化建设、旅游环境方面基本持平，同样有待提高。对招商引资条件的评价较一致，一方面说明了该类信息的宣传较为真实，另一方面也说明了群众对于该类信息的需求程度和了解程度并不高（见图 3-122）。

图 3-122 北京城市形象传播与受访者认知评价不匹配的内容

（2）北京城市形象传播与不同性别受访者认知评价不匹配的内容。

男性与女性都认为北京城市形象传播的不一致方面主要表现在对城市环境的介绍上，而男性认为文化建设、旅游建设与城市建设都有不一致的方面；女性除城市环境外，认为城市建设环节也为主要不一致的方面（见图3-123）。

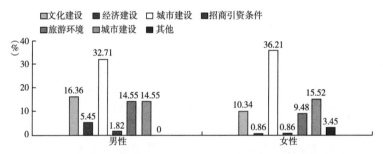

图3-123 北京城市形象传播与不同性别受访者认知评价不匹配的内容

（3）北京城市形象传播与不同年龄受访者认知评价不匹配的内容。

在受访者所认为传播内容与北京城市形象不一致的地方，18~45岁年龄段的受访者主要认为在于城市环境方面；18~25岁的受访者认为主要是城市环境方面，其次为城市建设、旅游环境与文化建设，其他选项如经济建设、招商引资条件及其他因素也有选择；在25~35岁年龄段，环境旅游与城市建设为其次的不一致方面；在35~45岁年龄段，除城市环境外，认为其次不一致方面在文化建设、城市建设与旅游环境，少数受访者认为经济建设与招商引资条件也有不一致的地方；45~55岁以及55岁以上年龄段的受访者普遍认为不一致的方面集中于城市环境、文化建设与城市建设。由此可见，各个年龄段普遍认为城市环境为主要不一致方面，城市建设与文化建设的内容传播也需要加强（见图3-124）。

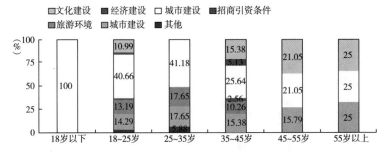

图 3-124　北京城市形象传播与不同年龄受访者认知评价不匹配的内容

（4）北京城市形象传播与不同受教育程度受访者认知评价不匹配的内容。

在认为不一致的方面，专科学历的受访者主要认为在城市环境，其次为文化建设；大学本科学历的受访者则主要认为在城市环境，其次为旅游环境、城市建设、文化建设；硕士学历的受访者主要选择城市环境，其次为文化建设、旅游环境、城市建设；博士及以上学历的受访者主要认为在城市建设方面，其次为城市环境与文化建设（见图3-125）。

（5）北京城市形象传播与不同区域受访者认知评价不匹配的内容。

各级城市认为不一致的方面主要在城市环境；一线城市与三线城市也认为文化建设、城市建设、旅游环境为其他不一致的方面；二线城市及村级认为城市建设、旅游环境为其他不一致的方面；县、乡级认为城市建设、经济建设与文化建设为其他不一致的因素（见图3-126）。

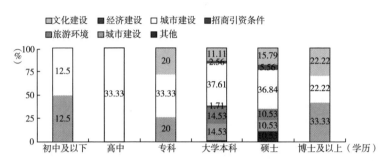

图3-125　北京城市形象传播与不同受教育程度受访者认知评价不匹配的内容

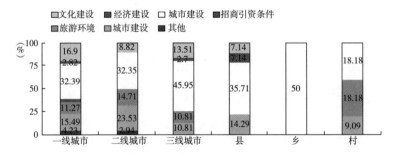

图3-126　北京城市形象传播与不同区域受访者认知评价不匹配的内容

（6）北京城市形象传播与北京居民及外地居民认知评价不匹配的内容。

居住在北京的受访者认为城市环境为主要不匹配之处，其次为城市建设、文化建设；而未居住在北京的受访者同样认为主要不匹配之处为城市环境，其次为旅游环境、城市建设与文化建设（见图3-127）。

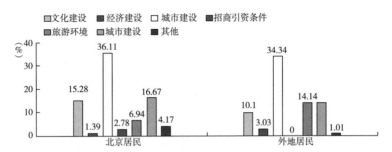

图3-127 北京城市形象传播与北京居民和外地居民认知评价不匹配的内容

（7）北京城市形象传播与是否到过北京的受访者认知评价不匹配的内容。

在认为不一致的方面，到过北京的受访者主要认为在城市环境，其次为城市建设、文化建设与旅游环境；未到过北京的受访者认为在城市环境，少部分受访者表示旅游环境也有不一致的地方（见图3-128）。

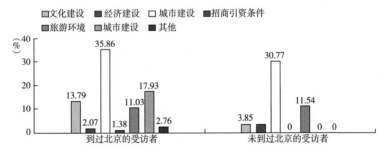

图3-128 北京城市形象传播与是否到过北京的受访者认知评价不匹配的内容

（8）北京城市形象传播与不同收入水平受众认知评价不匹配的内容。

在认为不一致的方面上，城市环境为各个收入段大部分受访者选择的内容；月收入 2000 元以下段的小部分人选择依次为城市建设、旅游环境、文化建设；月收入 2000～5000 元与 5000～10000 元段的受访者其次选择为文化建设、城市建设与旅游环境；月收入 10000～30000 元的受访者除城市环境、文化建设、城市建设与旅游环境内容外，也有小部分人选择招商引资条件（见图 3-129）。

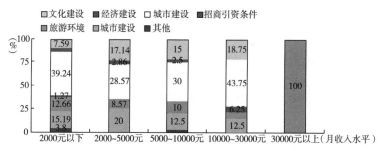

图 3-129　北京城市形象传播与不同收入水平受访者认知评价不匹配的内容

5. 北京城市形象的整体印象

（1）北京城市形象整体印象概况。

北京城市形象整体印象排序为现代化都市、文化中心、雾霾之都、旅游名城、经济中心。雾霾对整个城市形象的影响，乃至对旅游、经济等领域的影响应得到相应的重视（见图 3-130）。

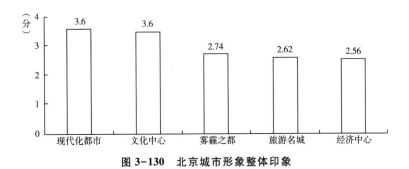

图 3-130　北京城市形象整体印象

（2）不同性别受访者对北京城市形象的印象。

在对于北京的印象中，男性排名依次为现代化都市、文化中心、雾霾之都、旅游名城、经济中心；女性排名为文化中心、现代化都市、旅游名城、经济中心、雾霾之都（见表3-1）。

表 3-1　不同性别受访者对北京城市形象的印象

男性	选项	平均综合得分
	现代化都市	3.68
	文化中心	3.34
	雾霾之都	3.06
	旅游名城	2.49
	经济中心	2.43
女性	选项	平均综合得分
	文化中心	3.56
	现代化都市	3.56
	旅游名城	2.69
	经济中心	2.63
	雾霾之都	2.56

（3）不同年龄受访者对北京城市形象的印象。

调查显示，18~25 岁受访者对于北京的第一印象为现代化都市，其他依次为文化中心、雾霾之都、经济中心与旅游名城；25~35 岁与 45~55 岁年龄段的受访者对于北京的第一印象普遍为文化中心，其他依次为现代化都市、经济中心、旅游名城与雾霾之都；35~45 岁的受访者第一印象为文化中心，其他依次为现代化都市、雾霾之都、旅游名城与经济中心（见表 3-2）。

表 3-2　不同年龄受访者对北京城市形象的印象

18~25 岁	选项	平均综合得分
	现代化都市	3.77
	文化中心	3.19
	雾霾之都	2.88
	经济中心	2.77
	旅游名城	2.38
25~35 岁	选项	平均综合得分
	文化中心	3.93
	现代化都市	3.64
	经济中心	2.64
	旅游名城	2.57
	雾霾之都	2.21
35~45 岁	选项	平均综合得分
	文化中心	3.72
	现代化都市	3.24
	雾霾之都	3.07
	旅游名城	3.03
	经济中心	1.93

45~55 岁	选项	平均综合得分
	文化中心	4.36
	现代化都市	3.36
	经济中心	2.73
	旅游名城	2.73
	雾霾之都	1.82

（4）不同受教育程度受访者对北京城市形象的印象。

在对于北京城市形象的印象排序中，初中及以下学历的选择为旅游名城、现代化都市、文化中心、雾霾之都与经济中心；高中学历的选择为现代化都市、旅游名城、经济中心、雾霾之都、文化中心；专科学历的选择为文化中心、现代化都市、旅游名城、雾霾之都、经济中心；大学本科学历的选择为现代化都市、文化中心、经济中心、雾霾之都、旅游名城；硕士学历的选择为现代化都市、文化中心、雾霾之都、旅游名城、经济中心；博士及以上学历的选择为文化中心、雾霾之都、旅游名城、现代化都市、经济中心（见表3-3）。

表3-3　不同受教育程度受访者对北京城市形象的印象

初中及以下学历	选项	平均综合得分
	旅游名城	4.5
	现代化都市	4
	文化中心	3
	雾霾之都	2
	经济中心	1.5

续表

高中学历	选项	平均综合得分
	现代化都市	5
	旅游名城	4
	经济中心	3
	雾霾之都	2
	文化中心	1
专科学历	选项	平均综合得分
	文化中心	4.18
	现代化都市	3.36
	旅游名城	3.09
	雾霾之都	2.27
	经济中心	2.09
大学本科学历	选项	平均综合得分
	现代化都市	3.63
	文化中心	3.41
	经济中心	2.74
	雾霾之都	2.68
	旅游名城	2.53
硕士学历	选项	平均综合得分
	现代化都市	3.88
	文化中心	3.47
	雾霾之都	3.12
	旅游名城	2.35
	经济中心	2.18

博士及以上学历	选项	平均综合得分
	文化中心	4
	雾霾之都	3.57
	旅游名城	3
	现代化都市	2.57
	经济中心	1.86

（5）不同区域受访者对北京城市形象的印象。

在受访者对北京印象的排序中，一线城市为现代化都市、文化中心、雾霾之都、经济中心、旅游名城；二线城市为文化中心、现代化都市、旅游名城、经济中心、雾霾之都；三线城市为文化中心、现代化都市、雾霾之都、旅游名城、经济中心；县级为雾霾之都、现代化都市、文化中心、经济中心、旅游名城；乡级为现代化都市、雾霾之都、旅游名城、经济中心、文化中心；村级为现代化都市、雾霾之都、经济中心、旅游名城、文化中心（见表3-4）。

表3-4　不同区域受访者对北京城市形象的印象

一线城市	选项	平均综合得分
	现代化都市	3.75
	文化中心	3.56
	雾霾之都	2.62
	经济中心	2.56
	旅游名城	2.51

二线城市	选项	平均综合得分
	文化中心	3.79
	现代化都市	3.43
	旅游名城	2.82
	经济中心	2.5
	雾霾之都	2.46
三线城市	选项	平均综合得分
	文化中心	3.42
	现代化都市	3.42
	雾霾之都	2.87
	旅游名城	2.77
	经济中心	2.52
县	选项	平均综合得分
	雾霾之都	3.33
	现代化都市	3.33
	文化中心	3.11
	经济中心	2.89
	旅游名城	2.33
乡	选项	平均综合得分
	现代化都市	5
	雾霾之都	4
	旅游名城	2
	经济中心	2
	文化中心	2

村	选项	平均综合得分
	现代化都市	3.8
	雾霾之都	3.2
	经济中心	2.8
	旅游名城	2.6
	文化中心	2.6

（6）北京居民与外地居民对北京城市形象的印象。

居住在北京的受访者对于北京的印象依次为现代化都市、文化中心、雾霾之都、经济中心、旅游名城；而未居住在北京的受访者对于北京的印象为文化中心、现代化都市、旅游名城、雾霾之都与经济中心（见表3-5）。

表3-5 北京居民与外地居民对北京城市形象的印象

北京居民	选项	平均综合得分
	现代化都市	3.85
	文化中心	3.37
	雾霾之都	2.73
	经济中心	2.65
	旅游名城	2.4
外地居民	选项	平均综合得分
	文化中心	3.58
	现代化都市	3.41
	旅游名城	2.79
	雾霾之都	2.74
	经济中心	2.49

（7）是否到过北京的受访者对北京城市形象的印象。

在对于北京的印象排序中，是否到过北京对于排序影响不大。到过北京的受访者选择为现代化都市、文化中心、雾霾之都、旅游名城、经济中心；而未到过北京的受访者选择为文化中心与现代化都市、雾霾之都、旅游名城、经济中心（见表3-6）。

表3-6　是否到过北京的受访者对北京城市形象的印象

到过北京的受访者	选项	平均综合得分
	现代化都市	3.63
	文化中心	3.5
	雾霾之都	2.69
	旅游名城	2.6
	经济中心	2.57
未到过北京的受访者	选项	平均综合得分
	文化中心	3.31
	现代化都市	3.31
	雾霾之都	3.15
	旅游名城	2.77
	经济中心	2.46

（8）不同收入水平受访者对北京城市形象的印象。

对于北京印象的选择，月收入2000元以下的受访者选择顺序为现代化都市、文化中心、雾霾之都、经济中心、旅游名城；

月收入 2000~5000 元的组为现代化都市、文化中心、旅游名城、经济中心、雾霾之都；月收入 5000~10000 元段为文化中心、现代化都市、雾霾之都、旅游名城、经济中心；月收入 10000~30000 元段为文化中心、现代化都市、雾霾之都、旅游名城、经济中心（见表 3-7）。

表 3-7　不同收入水平受访者对北京城市形象的印象

月收入水平	选项	平均综合得分
2000 元以下	现代化都市	3.78
	文化中心	3.31
	雾霾之都	2.82
	经济中心	2.71
	旅游名城	2.38
2000~5000 元	现代化都市	3.63
	文化中心	3.3
	旅游名城	2.93
	经济中心	2.67
	雾霾之都	2.48
5000~10000 元	文化中心	3.76
	现代化都市	3.38
	雾霾之都	2.79
	旅游名城	2.76
	经济中心	2.31

月收入水平	选项	平均综合得分
10000～30000元	文化中心	4
	现代化都市	3.21
	雾霾之都	2.79
	旅游名城	2.71
	经济中心	2.29

四 新媒体场域的传统文化传播仪式对城市文化认同的建构研究

2016 年 1 月 7 日，三集纪录片《我在故宫修文物》在 CCTV-9 播出，这是传统文化在传统主流媒体上传播的典型类型，传播效果与同类型的传统文化传播也并无差异。然而，2016 年 2 月，《我在故宫修文物》毫无前兆地在以"非主流""二次元"等新生代潮流特质为标签的 bilibili 弹幕视频网站走红，传统文化在无意中被拉入与传统主流媒体迥异的新媒体场域，并由因信息共享而聚集的年轻一代网民在虚拟空间内将其助推而形成了一次具有强烈传播仪式属性的文化"加冕"。

12 月 16 日，《我在故宫修文物》大电影乘势而上，在全国院线上映，将新媒体空间里的在线仪式部分地延伸到线下，线下活动的影响又再度投射至网络，引发了新一轮关注与讨论，尽管相比纪录片在豆瓣近 4 万次的评论及 9.4 的评分，电影不足 6000 次的评论和 7.6 的评分显得反响一般，但不可否认的是，从年初到年末，《我在故宫修文物》仪式感十足的系列传播事件已然成为 2016 年一场独具特色的传统文化传播景观。

从文化形态上来看，传统文化与新生代文化必然存在着差异和对抗；从文化传播的场域来看，传统文化与新媒体场域也天然地相互排斥、界限分明。而此次，被卷入新媒体文化场域的《我在故宫修文物》，彻底颠覆了传统文化传播定式下的传播路径和仪式架构，为传统文化的仪式化传播提供了更多的思考空间。

（一）新媒体——传统文化仪式化传播的新场域

1. 从大众媒介仪式到融媒体仪式：传统文化仪式化传播的媒介转换

美国学者詹姆斯·凯瑞较早地提出仪式传播，并于 19 世纪 70 年代提出了传播的传递观（a transmission view of communication）与传播的仪式观（aritual view of communication）。他在《作为文化的传播》一书中指出："传播的仪式观并非直指信息在空中的扩散，而是指在时间上对一个社会的维系，不是指分享信息的行为，而是共享信息的表征；传播的起源及最高境界，并不是指智力信息的传递，而是建构并维系一个有秩序、有意义、能够用来支配和容纳人类行为的文化世界。"[①] 这提供了一种将仪式理论引入文化研究和传播研究的研究思路，讨论在信息分享的基础上，通过促进对文化的接受和认同，达成与"共同信仰""权力""秩序"等仪式的认同。

---

① 〔美〕詹姆斯·凯瑞：《作为文化的传播》，丁未译，华夏出版社，2005，第 7 页。

在新媒体产生以前，大众媒介的兴起，特别是电视媒体在仪式传播中的地位备受关注，然而，新媒体的快速崛起颠覆了仪式传播的固有场域，但这种颠覆并非决裂式的，而是以融媒体的形态介入仪式传播。

丹尼尔·戴扬在1999年再度谈论媒介事件概念时，就提到这种新旧媒体在仪式传播中的融合，他指出："一种新的公共模式已经渐渐代替了以往中心化的公共模式，因为中央和边缘的界限已为新的媒体所模糊。""新媒体反过来和主流媒体、有'中央和边缘'之分的媒体、想象集体的媒体进行对话，往往打乱中央电视对集体的想象，勇于挑战官方垄断的形象。""新公共空间的特征便是散布各式各样互相对抗的、不协调的影像……不过，有趣的不仅是新媒体的主动和喧嚣，与旧媒体的大异，而且是两种表现更有分工之势。旧媒体展现事件，新媒体做出回应。回应中央媒体（包括如媒体事件试图制造大规模共识的极端情况），新媒体往往寻求自己的接收空间、回应空间。换言之，新媒体的角色似乎站在公众一边。"① 这种新旧媒体的融合，改变了仪式传播的原本路径。

2. 从"信息模式"到"行为模式"：新媒体场域中传统文化的仪式传播趋向变迁

对于大多数人们习以为常的传统文化传播来说，把文化本身所包含的信息通过制作、包装、运输、传达，完成对信息文

---

① 〔美〕丹尼尔·戴扬、邱林川、陈韬文：《媒介事件概念的演变》，《传播与社会学刊》（*The Chinese Journal of Communication and Society*）2009年第9期。

本的发送与接收，实现受众最大限度地接收、接受和认同，是至关重要的。初入新媒体场域的传统文化传播仍未脱离"信息模式"的强大影响，往往希望通过"网络化"的语言和叙事方式将文本信息生产成容易被网络用户接受的模样，达到信息传播最大化的目的。

然而，从新媒体空间里的传统文化传播仪式建构过程来看，新媒体利用自身对时空的掌控力，将分散的观众个体、群体汇聚起来，促成制作者和作为参与者的观众共同完成仪式脚本的生产与再生产、共同完成多个仪式脚本联结与结构、共同完成仪式传播框架的设置与实施等一系列充满主动性和参与感的"行为"，并借由这些"行为"建立起想象的共同体以共享价值和信仰，这比信息的传递和接受更为重要。反观《我在故宫修文物》的传播事件，所有传播文本的具体内容和叙事方式以及针对传播文本而各说纷纭的具体评论信息都无关紧要，1月7日央视的电视传播、2月 B 站的火爆、12月的大电影都将文本、传播、效果捆绑成一个整体，成为传统文化传播仪式建构过程中脚本的一部分，共同搭建了 2016 年备受关注的一次传统文化的传播仪式。

（二）新媒体场域里文化传播仪式的形成

1. 宏大信仰与个人信仰的交错——文化叙事转化促成新媒体场域内社会认同

从内容本身来说，传统文化因其历史性和传承性，具有凝练、深远的特点，自身的吸引力和传播价值不言而喻。当面对新媒体场域内的以青年一代为主要受众群体时，与娱乐性强、感官刺激性高的文化产品迥异的具有文化感染力的传统文化极具辨识性，快速浮躁的商业性媒体环境下催生的快餐式、碎片式的文本不可避免地存在浅显、廉价、速食的特点，文本质量参差不齐，因而，严肃文化厚重内敛的魅力被凸显，显示出严肃文化"与众不同"的稀缺性魅力。与此同时，从文本制作上来看，相比新媒体传播文本较为普遍的浮躁浅显，及为获取高流量采取的过度宣传、过度营销，从传统媒体移植而来的《我在故宫修文物》高品质的专业拍摄制作、细节处理，都无形中增加了观众的好感度，也成为后续口碑发酵过程中为人称道的一点。

《我在故宫修文物》纪录片中，高高在上的严肃叙事里随性而来的生活点滴和个人价值的悲喜与回味契合了新媒体空间里网络文化认同的价值与氛围。与之前的大热纪录片《舌尖上的中国》一样，将一个严肃而宏大的命题——对传统文化的传承与保护下放。空谈传统文化的消逝与保护，远不如展现文物修复师对手艺的专注热诚，还有年纪渐长却后继乏人的内容更能打动人。故宫是神秘威严的国家标志性建筑，是无价之宝的栖身所，但同时，也是几位师傅们早晨登上自行车上班喂猫的地方。平凡的生活记录消解了宏大主题的严肃感，每位师傅对待工作几十年如一日的坚持将对文化传承的宏大命题具象化、现实化。在《我在故宫修文物》的电影版宣传海报中，强调的也是"大历史，小工匠"，打破了严肃文化以往传播活动中僵硬的印象，使内容的表述从严肃而高大上的神坛走下，文化与人生活的交融，引发了个人感受的共鸣；有了共鸣，才会理解高大上的价值观与选择；有了理解，才能认可，才能转化为意识和行动。

2. 不同场域内文化符号的互动、转化、认同，促成共享的/集体的表征

迈克尔·豪格在论述群际关系以及社会认同路径时指出："归属于某个群体在很大程度上是一种心理状态（psychological state），这种状态与个体茕茕孑立时的心理状态截然不同。归属于一个群体就会获得一种社会认同（social identity），或者说是一种共享的/集体的表征（representation）。"① 很显然，诸如 B 站一类的新媒体互动传播平台，一方面搭建了不同文化场域内传统文化与网络文化的对话平台，在这类新媒体的互动传播平台上，充满了 B 站视角的弹幕，以悬浮在屏幕上方的匿名实时评论，在观众观看的过程中，将纪录片的叙事、语言等文化符号通过弹幕自动被解读和转化为新媒体空间里的网络叙事和语言体系，更容易被理解和传播；另一方面，互动传播的新媒体还搭建了群体心理状态相互认同和促进共享的平台，受众通过实时发表自己的观点、回复他人或仅仅默默关注，都在不断和他人发生频繁的符号性（symbolic）互动，形成借由符号认知、认同而确定的群体关系，譬如喜爱负责钟表维修的王师傅，弹幕送他"故宫郑少秋"的昵称并得到数量众多的受众的认可，手控党（专指喜欢双手长得漂亮的人）发现了师傅们好看的双手，声控党（专指喜欢声音好听的人）沉迷于师傅们好听的声音……在这样的文化互动认知关系中，对行为的影响并不仅仅

---

① 〔奥〕迈克尔·豪格、〔英〕多米尼克·阿布拉姆斯：《社会认同过程》，高明华译，中国人民大学出版社，2011，第 4 页。

是实用的（functional），更是表达的（expressive），每一个活跃或沉默参与其中的人，通过这样的符号化认知过程将自身建构成为社会之物（social object），并成为我们所生活的这个社会的缩影。

将相对固定的传统文化系统的延续以及展示、保存、宣传的封闭性传播转化为网络时代经过当代融合所产生的"新传统"，不再只是"传统的再现"，而是实现了"传统的发明"，提升了传统的时间性演变和再生维度。正如霍布斯鲍姆所指出的，"传统不是古代流传下来的不变的陈迹，而是当代人活生生的创造"；不是固定的需要被发现和揭示的"本真"，而是处于同当代语境不断融合和生成、"发明"之中；它不只是需要被揭示的历史和完成的"作品"，还是历史在新预警中完成伽达默尔所谓的"效果历史"和"视域融合"。①

值得一提的是，在新媒体场域内被转化成网络叙事和网络符号的严肃文化，尽管被多角度地解构与重塑，但从现实的传播效果来看，新媒体形式的解读并未偏离纪录片所表达的价值、信仰和追求，反而在增加受众在观看过程中获得更大乐趣的同时，促成受众对严肃内容的主题产生共鸣，强化了新媒体场域内正向性的、积极的群体性文化认同，并最终构建了群体性的信仰共享。

3. 对立认同：自我范畴化的文化心理影响

在文化认同方面，个人通常会被卷入"自我范畴化"（self-

---

① 〔英〕霍布斯鲍姆·兰格：《传统的发明》，顾杭、庞冠群译，译林出版社，2004。

categorization）的过程并产生相对应的认知结果，"自我范畴化"过程会促成自我与其他群内成员相似性的增强，以及自我与其他群外成员相异性的增强，即自我刻板化（self-stereotyping），①例如聚集在 B 站的受众自然地与"二次元""动漫"等文化符号相关联，而与严肃内容等文化保持着一定的距离。

但在内容量巨大的 B 站获得巨大关注的《我在故宫修文物》，以其在该场域中与众多同质内容相比的独特性而拥有了具有较高的识别度，而这种独特性恰恰应和了该群体"猎奇""个性"的心理需求，反倒催生了一部分群体成员的关注，甚至以此来摆脱"肤浅的""娱乐至上的"文化标签，借由严肃文化展现自身的文化优越性。后续在其他新媒体平台上"懂梗"与"玩梗"加剧的社交狂欢，使得其他群体成员通过"社会比较"修正了其"主观参照框架"（subjective frame of reference），为了保证与该范畴的其他成员是"相似的"（identical），越来越多的个体因此采取了与群体范畴相符（category-congruent）的行为，改变了原有的刻板化维度（stereotypic dimensions），从而重构了新的群体认知。从本质上来讲，也正是由于新媒体环境对人际关系与社交交往疏离性的影响和强化，才使得个体越来越多地通过群体认同特别是借由新媒体平台建立的社交群体增强安全感和自信，以缓解在社会环境中的不安与浮躁。

在 B 站走红后，其他社交媒体上的后续传播更进一步对文本进行了互动和呼应，例如相关网络流行词的使用，片中主角个人

---

① 〔奥〕迈克尔·豪格、〔英〕多米尼克·阿布拉姆斯：《社会认同过程》，高明华译，中国人民大学出版社，2011，第 27~28 页。

微博的开通并与受众进行交流等，再次强化了受众的群体认同。

（三）新媒体场域的传统文化传播仪式对城市文化认同的建构

1. 把握传统文化仪式化传播与城市文化的关联性

从 2016 年 1 月至 2016 年 12 月，以《我在故宫修文物》为传播仪式的传统文化传播一定是具有偶然性的，由事件的遇冷、爆红，再到有计划地利用事件来推进仪式的高潮，《我在故宫修文物》成为备受关注的"新网红"，这是新媒体的不确定性带来的意外之喜。若从信息社会的角度来分析媒介事件，将"事先设计型"和"突发应对型"[①] 两种媒介事件类型发生的场域延伸至社会文化传播，从本文的分析对象来看，它也同样符合"突发应对型"的文化领域的媒介事件。这说明，在新媒体传播框架下的传统文化的传播，由受众自主选择、自主挖掘出的传播内容更容易被接受。在意料之外的事件性传播发生后，从仪式强化和再建构的过程来看，无不凸显传播团队主观性参与的行为，尽管存在传播团队主观性的参与行为，但包括片方在内的营销策略均偏向自发式的调动观众资助积极性，例如，电影用众筹的方式立项等。

把对传统文化的展演转变成重视当代受众对它所应具有的体验性和参与性，扭转了缺乏主体融入的一种外在文化奇观

---

① 史安斌：《国家形象构建与媒介事件营销》，《国际公关》2011 年第 2 期。

（spectator）和"他者"景象，① 是对传统文化的真正传承和再生。一方面，主体的体验性和参与性通过传播仪式获取，特别是在新媒体环境下，符号化的体验与参与是其获取文化认同的重要内容；另一方面，在《我在故宫修文物》中，也不乏对北京城市场景、语言风格、生活细节等文化特质的展现，带有特定地域符号的传统文化必然也发挥着符号化传播城市文化、促进城市文化认同的作用。

2. 在线仪式与现实仪式的互为促进

一方面，在线仪式以偶然的、解构与重构并行的、去意识形态化的传播构筑了"平民化"的文化叙事和意义表达；另一方面，现实仪式对文化体验的强化对于传播仪式的建构同样举足轻重。例如，《我在故宫修文物》在后续阶段采取各种文化体验的活动方式延续了"走下神坛"的文化传播定位：大电影宣传中，片方在故宫敬胜斋召开发布会，一改往常沉闷的宣传氛围，宫中的"明星人物"参与见面会，荧幕上的"男神"不再遥不可及；发布"一事一生"的宣传片，补充了工匠精神的行业范围，相关讲座及书籍陆续出版；在日常的宣传维护中发出"我想进宫静一静的"互动话题，展出大量普通观众的观影和进宫经历等。在线仪式通过符号化表述建构和传播城市文化，现实仪式则实现了仪式与地域之间具有现实性的密切关系，受众通过参与线下活动，把符号化的文化体验延伸至具有现实感的亲身体验，从对承载文化的场域和城市空间的体验，到对城市

---

① 徐翔：《在线仪式：传统文化的网络新构建》，《国际新闻界》2011 年第4 期。

空间内发生的行为方式以及情感产生更为直接的认知和体验，落地线下的多样化活动获取的城市文化认同意义，也使符号化的传统文化传播丰富了传统文化的仪式具有了多样性和日常性，拓展了文化的叙事表达和传播意义。

同时，体验式文化活动的最大优点在于，它能通过受到符号化文化传播影响的年轻受众去影响、带动或陪同更多的人，将更多游离于新媒体传播场域外的更大的受众群体纳入传播的范畴，进一步拓展城市文化的受众群体和影响范围，使得传统文化传播仪式影响下的城市文化更具有参与性和影响力。

（四）结语

从《舌尖上的中国》到《我在故宫修文物》，传统文化在新媒体场域内的走红已不是偶然，传统文化的魅力加之适应新媒体场域的文化叙事增强了传统文化和传统文化所倚赖的地域空间的传播影响力。新媒体场域内的传统文化传播对城市文化认同的建构作用同样不言而喻，从循着地图一路展开的"吃货之旅"到"我想进宫静一静"的文化体验，城市享受着文化传播带来的感知、认同乃至现实利益。

传播仪式的建构往往与"狂欢"相提并论，从传播形式、传播范围和关注度来看，传统文化的传播仪式仍然具有"狂欢"的特质，但从传播的影响和效果来看，传统文化的内在特质对于沉静思想、反思自我、重构价值又带着不可抗拒内省性。传播仪式中的"狂欢"与承载传统文化空间的"沉静"复合了多层次的文化体验，这对于欣赏、认知和感受特定的城市文化同样有所裨益。

五　新媒体环境下"话语事件"
对城市形象的影响及应对

近年来，发生的具有重大影响的话语事件层出不穷，颇受人们关注的包括：2012年1月28日，由微博实名认证用户罗迪发布微博称"朋友一家3口前天在三亚吃海鲜，3个普通的菜被宰近4000元"引发的"三亚宰客门"事件；2015年"十一"黄金周，38元一份的"青岛大虾"变成38元一只，总价1500元的"青岛大虾"事件；2017年1月"丽江打人"事件；2017年3月，"北京地铁骂人"事件、"西安地铁电缆问题"事件、"山东聊城故意伤人"事件……上述事件涉及的部门和机构、社会群体、媒介均超越了传统范畴；与此同时，事件传播的广度、深度和事件进程的被影响程度也都和以往有了巨大的变化，也因此成为研究者密切关注的问题。

（一）包含地域符号的话语事件

1. 话语事件的界定

在传播学相关研究中，有许多概念均与"话语事件"相近似。例如，"新媒体事件""网络群体性事件""网络公共事件"
"网络舆论"等。基于伊莱休·卡茨和丹尼尔·戴扬的"媒介事
件"，以及戴扬在 2009 年对媒介事件概念演变的阐释，邱林川
和陈韬文从权力和话语建构的角度明确定义了"新媒体事件"
的概念，认为："新媒体事件绝不仅是技术形态上的转变，在传
播内容、话语权、媒体系统内部互动等方面，它都反映出社会
变迁的新趋势。"① 并指出："新媒体事件在大陆较少依赖大众媒
体，较有相对独立性，发生频率也较高，特别是有重大影响的
公共性新媒体事件。"② 他们对当时的"华南虎事件"、厦门
PX、"奥运圣火传递"等事件均有提及。董天策、李红等学者
从对"网络群体事件"负面的、倾向于危机处理研究的反思中
提出，如果研究网络公共领域，合适的概念就是"网络公共事
件"，而不是"网络群体性事件"，提倡从公共领域的理论框架
与理论视域来研究"网络公共事件"。③ 李红认为："网络公共事
件"的概念基于"网络作为一种新型的媒介形态，带来社会关
系的变化和权力关系的重构，在有关事件中发挥着巨大的作用，
事件具有深刻的公共性内涵"④。事实上，"群体的时代"的到
来以及"群众的崛起"是我们所处的这个时代与传统时代形成

---

① 邱林川、陈韬文：《迈向新媒体事件研究》，《传播与社会学刊》2009 年总
第 9 期。
② 邱林川、陈韬文：《迈向新媒体事件研究》，《传播与社会学刊》，2009 年总
第 9 期。
③ 董天策：《从网络集群行为到网络集体行为——网络群体性事件及相关研究
的学理反思》，《新闻与传播研究》2016 年第 2 期。
④ 李红、董天策：《符号学视域下的网络公共事件及其主体分析》，《现代传
播》2012 年第 9 期。

差异的重要特征，在上述论述中，诸位学者也大都使用了"群体""为数不少的公众"，以及依赖群体而形成的"公共领域"等词语来建构特定的概念，但对"群体"的认知往往被引导或误读为与"教条主义""偏执""人多势众不可战胜""口号式的简单观念"① 等有关联，因此也不可避免地对"群体性事件"产生偏见，难以形成中性化的认知。此外，尽管新媒体确实在事件的发生、发展中发挥了集合群体意见、推动事件发展乃至社会关系和社会权力结构的变化，但它仍然只是其中的组成部分之一，从事件存在和发展的格局来看，线上和线下共生互促的关系较为普遍，因此，"网络公共事件"一词的定义仍待商榷。

　　米歇尔·福柯提出的"话语事件"（discourse event）概念，与"不连续性""断裂""界限""转换"等概念相关联，提出了一种与整体性相悖的形式和序列，并认为："我们始终要在话语的层面上，在话语的范围内，从话语本身出发，去把握偶然系列的事件得以产生的外部可能性条件，而不应苦苦搜寻话语的内在意义核心。"② 曾庆香阐释的"话语事件"概念认为："针对具有认知震撼或道德震撼的事件，为数不少的公众或一国民众利用各种媒介（其中尤以自媒体为特色的新媒体为主）而与事件中的出格个人或权益部门或其他国族所进行的话语表征争夺，以求达到维护或净化道德，或揭露事件真相及公平、公

---

① 〔法〕古斯塔夫·勒庞：《乌合之众：大众心理研究》代译序《民主直通独裁的心理机制》，冯克利译，中央编译出版社，2014，第10~11页。
② 莫伟民：《福柯的话语历史观及其与萨特的歧异》，《复旦学报》（社会科学版）2004年第4期。

正解决事件，或消除其他国族的认知、偏见及改变其行为，甚至废除与之相关的法规、决策等目的与效果。"①

　　根据对上述不同概念论述的分析，本文更倾向于使用"话语事件"来概括前述的诸多事件。一方面，意在从新媒体与其他各类媒介在事件中对于话语权的获取、使用及产生的影响力方面对本文的研究对象进行分析，从大多数事件的走向与结果来看，通过争夺话语表征以求达到的目的大致与"话语事件"保持一致；另一方面，正如福柯所言，把握偶然系列的事件得以产生的外部可能性条件，也许是在城市形象建构和传播过程中需要思考的问题之一。

2. "话语事件"中的地域符号

　　空间维度是构造话语事件叙事框架的要素之一，在新媒体环境下的"话语事件"中，地域符号往往被用以指代事件，成为区隔不同话语事件的标志性符号，一般而言，在没有同类型事件在同一地区重复发生的情况下，都会将地域符号作为指代事件的符号选择，例如，在事件处于高热度阶段时，若在百度、微博等平台搜索"山东聊城""丽江"等地域名称，搜索结果与事件之间的吻合程度极高，尽管这是新媒体简化搜索流程、提供便捷信息服务、实现信息高效传播的固定模式，但通过地域关键词的输入、联想和呈现而不断被强化的地域与事件之间的关联度，意味着将大多数参与讨论和助推事件的行为主体并不在场的远距离的符号化"故事""文本""情感""评论"以

---

① 曾庆香：《话语事件：话语表征及其社会巫术的争夺》，《新闻与传播研究》2011 年第 1 期。

及不断叠加的"素材"均糅合进入一个简单的地域符号之中，赋予了地域符号本身所不应承担或难以承担的指代意义。

正是由于上述"地域"符号在事件中被赋予的指代性作用，因此，事件的各类型主体在认知、参与事件，并通过符号化交流进行的交流、博弈、协商与妥协的过程中，大范围、高热度、高频度的重复不断促成并强化了"地域"符号"事件化"的"刻板认知"和"刻板印象"。更为重要的是，这种"刻板认知"和"刻板印象"在日后的信息接收和信息处理过程中，常常可以反复多次地产生"刺激-反应"模式，如果事件处理失衡不得当，这种"刺激-反应"必然产生难以估量的负面影响。

（二）新媒体环境下的"话语事件"对城市形象的影响

1. 无"负面"不"事件"——被"话语事件"冲撞的城市形象日常建构

从城市形象传播的实践来看，近年来，我国城市形象传播备受关注，许多城市都制作了城市形象宣传片并将其通过特定的媒介加以传播，特别是一些有影响力的传统媒体在城市形象传播中得到了极大青睐，例如，自 2011 年中国国家广告形象宣传片在纽约时代广场播出之后，成都、桂林、张家界、井冈山、青岛、丽江、上海等诸多城市以及江苏、福建、山东等 30 多个省市都将城市形象宣传片投放在纽约时代广场，并且城市形象宣传大多以特定主题建构具有地方地域特征和文化内涵的地方形象，例如，成都的"典型中国，熊猫故乡"，山东的"好客山东"，上海的"魅力上海"等，均是经历反复策划和传播的

"地域"符号的日常性建构，旨在建立目标对象对该"地域"的认知和好感，推动该"地域"各方面的建设和发展。

然而，"地域"符号的日常性建构往往会受到带有"地域"符号的突发性"话语事件"的冲击，虽然这样的冲击并非会让"地域"符号的日常建构完全坍塌，但从城市形象建立和传播的时间、资金和人力成本，以及事件发生后的恢复和重构来计算，也仍是极大的损失。以山东为例，2007年以山东文化品牌形象的"好客山东"经过概念提出、品牌形象设计后采用集群式传播进行广泛推广，单从媒介购买来看，在中央电视台、凤凰卫视、山东卫视、香港翡翠台、台湾东森电视台、美国纽约时代广场、谷歌等投放都是数额可观的花费，然而，从新媒体发酵的"青岛天价大虾"事件对"好客山东"品牌概念产生的负面冲击是不言而喻的。从笔者进行的一项随机调研中，53%的被调查者表示接触过"好客山东"的宣传，78%的被调查者表示接触过"青岛大虾"的信息，其中，46%的被调查者更认同"好客山东"的概念，余下近六成的被调查者则对"青岛大虾"的印象更为深刻，调查结果也印证了上述论证，"好客山东"集群式传播的效果可圈可点，若没有突发性"话语事件"的冲击，传播对山东各个城市形象的建构理应比现状更佳，虽然事件的冲击并未让所有受众推翻或否定正面推广的形象，但新媒体的加入使得传统的传播规划团队在城市形象传播主体结构中的地位和作用受到了极大的撼动：主观指导下的积极正向的传播时刻会受到可能突然出现的其他信息来源的影响，而这些非主导性的信息也同样参与了城市形象传播的建构，在某些情况下这类传播对城市形象的影响可能更为明显和强势，低传播成本甚至无传播成本的话语事件造成的负面影响值得关注。

2. 难以避免的"地域炮"——"话语事件"中城市形象抢先"中弹"

在对比上述诸多"话语事件"发生、发展轨迹后，数据反馈出一个共同的现象，即在最初的时间序列中，叙事表述和话语表达往往首先针对地域展开。

如果地区性话语事件与普通民众存在强关联性，人们参与的热点往往在于联系自身或听闻的相同或相类似经历重温或假设"在场"经历，重复或强化这一事件和该地区的联系性，比如某地发生宰客事件，在最早的评论中，有相关经历的路人会同时陈述自身的类似经历，对于对该地区并不熟悉的其他路人而言，这样的评论聚集，很容易使其形成对该地区消极负面的刻板印象。

若事件与普通民众的关联性较弱，人们并不会因此失去参与热度，反而相比强关联的事件更倾向于忽视事件本身，缺乏自我参与事件的"在场"经历的重温或假设条件，却将自我参与事件的"在场"状态与地域归属相关联，甚至形成了具有各自地域归属的"话语群"，因此，评论的目标甚至话语攻击的目标最初往往完全脱离事件本身，而直接指向地域。例如，2017年3月4日，在北京地铁10号线发生的"骂人事件"，事件本身对大多数普通民众而言并不存在复制性，但视频在网络媒体用户间的自发性传播快速促成了传播焦点的形成，并首先从事件中衍生出来"北京"和"外地"之间的区域话语对抗，很显然，这种对抗关系的形成与主观建构的北京城市形象主旨相悖，这并非偶然。事实上，在每一次"话语事件"发生时，"地域炮"的现象均十分常见，对城市形象的负面攻击也存在着相当的影响。

但随着后续事件的发展，特别是对事件的相关处理与舆论引导，民众的注意力会从地域转向事件本身，"地域炮"的作用会减小，事件与城市形象的关联印象会降低。

（三）"话语事件"影响城市形象的新媒体传播因素分析

1. 新媒体代言平民话语权

在传统话语结构中，话语权需要通过权威证实后，才可能在公开场合实现话语权的表达，这样的话语结构指向的正如福柯所描述的，是一个统一的具有整体性的宏大话语："从某个时刻起并且在某个时间里，尽管表面上有差异，但所有人都会以相同方式思考，都会用多形态的词语说着同样的事情，创造出一种我们可以不加区别地在所有意义上加以浏览的宏大话语。"[1]

但是新媒体赋予不同话语主体具有相等性的话语权力，使得话语陈述变得容易实现，因而各种类型的话语表达不断涌现，普通民众根据事件的主题、身份或经历的聚合、陈述类型等不同因素缔结成话语群体，再根据自身的一致性、严密性和稳定性的程度构成对一些主题或事件的强大影响力。纵观近年来多次"话语事件"的发生，无一例外，它们都在共同瓦解具有整体性特征的宏大话语，我们甚至能在它们之间找到某种规律性

---

① 莫伟民：《福柯的话语历史观及其与萨特的歧异》，《复旦学报》（社会科学版）2004 年第 4 期。

并能探寻其形成的共同因素，即因为事件沟通和处理的常规性渠道不顺畅，才导致事件转向新媒体搭建的话语平台，以寻求可能存在一致性或可能缔结一致性的话语群体对事件形成助推作用。因此，常规性渠道的阻塞甚至缺位理应被重视，若常规性渠道能在事件沟通和处理中保证顺畅和结果的合理，这种"倒逼式"事件处理方式发生的概率应会有所下降。

2. "碎片"与"聚合"产生的共同效力

新媒体在"话语事件"中的"快速"反应是其与传统媒体相比重要的特征之一。例如，2017年1月24日，微博用户"@琳哒是我"发布"丽江打人事件"，几十万转发和评论数，引发了对丽江旅游业乱象的大讨论。显然，这些信息具有十分明显的"碎片化"特征，并且，对事件起到重要推动作用的碎片化信息从时间维度来看并不限于当下，凭借在新媒体上存留信息的时间长、搜索和提取信息极为便利等条件，与事件相关联的"过去式"信息也被搜索、提取和再度使用，例如，早在2011年10月，演员张若昀和其父张健就在丽江被打，著名导演张健当时在微博中陈述了整个事件的过程，而在此次丽江打人事件发生后，该类信息又被重新提取出来，并和当下的其他信息共同影响着事件的走势。

"意见领袖"往往能将碎片化的信息聚合并划分成几大"阵营"，并不断促成事件的演进，正如勒庞认为的"在使群体形成意见并取得一致方面，领袖的作用是非常重要的"①，特别是对

---

① 〔法〕古斯塔夫·勒庞：《乌合之众：大众心理研究》，冯克利译，中央编译出版社，2014，代译序第19页。

在新媒体平台上由身份庞杂的个体组成的松散群体而言，意见领袖的意见是人们依据不同立场和意见形成不同组织的第一要素，据此，"碎片化"的信息被分类"聚合"，且"领袖"的品质、素质和认知对碎片化信息的黏合和引导起着非常重要的作用，它们共同决定了群体影响的层次和水平，共同效力于事件结果的最终达成。

3. 官方不当言论刺激事件升级

数据显示，在新媒体场域内，单一事件热度自然消退约为 3 天；48 小时后，事件热度会呈断崖式下降；且 24 小时后，事件和地域性的关联度会逐步下降，48 小时后，人们基本会关注事件本身而非地域，因而，在应对新媒体环境下发生的"话语事件"时，事件所属地域的官方新媒体渠道尽快对事件本身进行处理，并妥善引导舆论，能有效降低事件对地域的认知和评价的关联。

但新媒体场域内的官方话语权的施行仍带有明显的随意性，纵观近年来当"话语事件"发生时，官方渠道频频出现言行失当的缺憾，从"三亚宰客门"事件中"@三亚市政府新闻办"官方微博发文称"零投诉"，到丽江"打人事件"后新浪微博官方认证为"云南丽江市古城区委宣传部官方微博"的"@古宣发布"在与网友互动过程中回复"你最好永远别来！有你不多无你不少"，并被网友微博截图，再到济南公安管委会发布"毛驴怼大巴"的言论，等等，不但没有对事件进行有效的处理和信息公开，反而进一步激发新的舆论热点，进一步强化了事件对地域的负面影响，引导"地域炮"的攻击持续不断地针对地域火力全开，尽管大多数地方当局通过删微博、发声明、处理责任人等途径希望挽回声誉，但显然，不当言论的影响对地域形象的损毁难以估量。

（四）"话语事件"中城市形象传播的应对

1. 从话语本身出发，把握系列"话语事件"得以产生的外部可能性条件

若从"话语事件"对城市形象建构的影响出发，探讨诸如舆论引导、危机公关之类的话题，显然只是一种"头疼医头、脚疼医脚"的片面处理。频频发生的"话语事件"其实反映了"话语权"的分配和施行以及"话语结构"等方面存在的诸多问题。从目前的应对来看，大多数的应对都着眼于搜寻与处理事件中某一主体表达的具体"话语"的内在意义，但福柯指出："话语事件的规则性只存在于由人们强加于物之上的话语这个实践中，而无关于主体意识的独创性。"[①]

由此，可以得出从这一思路衍生而来的应对途径，即应该对话语事件进行剖析，首先确定事件性质，例如"重要事件""次重要事件""无足轻重的事件"等或是"瞬时事件""中等时间事件""慢节奏事件"等，在此基础上确定事件的组成成分，揭示事件中各种成分形成的结构，解释其关系类型，找出事件发生的规律，并由此来规定与控制事件发生的各组成成分理应遵守的界限，设置其合理的关系类型，并建立其适用的范围。这也许才是调整和控制"话语事件"重复发生的根本途径，

[①]　〔法〕米歇尔·福柯：《知识考古学》，谢强、马月译，三联书店，1998，引言第7页。

也才能从根本上解决"话语事件"对城市形象建构造成的影响。

2. 接受城市形象建构"不连续性"的存在

我们应该看到并承认，由于新媒体对话语权的下放以及由此引发的话语结构发生的巨大变化，旨在建立"某一文明的整体形式""某一社会的——物质的和精神的——原则""某一时期全部现象所共有的意义"，这种涉及所有现象的内聚力的规律——人们常比喻为某一时代的"面貌"——的可能性已经消失，我们不再可能凭借"一个全面的描述围绕着一个中心把所有的现象——原则、意义、精神、世界观、整体形式——集中起来"①，文化整体性被取代；不连续性和差异这类范畴，界限、决裂和转换这类概念越来越明显地被使用。②

但这并不意味着城市形象积极的、正向的日常建构形势已岌岌可危，如前文调研数据所显示的，"话语事件"尽管对城市形象的日常建构产生极为显性的冲撞，但日常建构在民众认知和印象中的主导性建构并非中弹即倒、毁于一旦，它仍发挥着积极的影响力，理应成为城市形象建构需要坚守的阵地。

3. 完善具有新媒体适应性的反馈机制

由于"话语事件"随时可能发生，并对城市形象建构形成冲击，因此，针对"话语事件"的信息反馈机制需要不断完善，以提高效用，特别是在使用新媒体平台进行信息传达或反馈时。

---

① 〔法〕米歇尔·福柯：《知识考古学》，谢强、马月译，三联书店，1998，引言第9~10页。

② 〔法〕米歇尔·福柯：《知识考古学》，谢强、马月译，三联书店，1998，引言第15页。

首先，应遵循合规原则施行话语权，避免官方平台成为个人不当言论的传播渠道，影响官方平台的公信力和影响力；其次，根据数据反馈舆论热度发展过程，把握黄金处理时间，以微博为例，若无后续发展，单个热词事件从出现发展到高峰再到下降一般在72小时内，事件热度开始上升后24~48小时是持续热度最高的一段时间，因此官方权威信息特别是对事件的有效处理信息若能在24小时内引导舆论，将会有效促进事件的理性认知。例如2017年3月4日傍晚发生的北京地铁"骂人事件"，3月5日凌晨2点25分，"@平安北京"发表微博表示已对事件进行关注并正在展开调查，并强调："维护公民人身权利和公共秩序是公安机关的法定职责，对于违法行为，公安机关会依法予以坚决打击。"3月6日19点29分，"@平安北京"再度发表微博公布了事件处理结果，北京警方对事件的快速处理并通过"@平安北京"官方微博对事件的处理过程和处理结果进行实时通报，不仅控制了事件负面影响的发展，而且通过事件处理展现出政府部门在应对新媒体带来的工作转变方面的适应性和调整，成为重构城市形象的重要举措。

因此，善于使用新媒体，实现快速、妥善、低成本、互动式传播，也是"话语事件"对城市形象建构带来触动和转变的契机。

六　新技术融合下文化展演空间
对城市形象的建构与阐释

——以故宫博物院为例

在传播学领域,有不少学者将博物馆作为一种传播媒介,例如,英国学者罗杰·希尔弗斯通（Roger Silverstone）认为:"博物馆有如其他媒介、娱乐和告知,讲述故事和建构观点,意欲取悦和教育公众,自觉或不自觉地进行效果不同的议题设置,将不那么好理解和接近的转化成相对好理解和接近的,在它的文本、技术和展示中提供关于世界的观念性陈述。"① 新媒介技术不断参与、融合的博物馆在场馆建设、展演形式、互动模式和叙事结构上发生了巨大变化,作为城市形象建构、阐释与传播的媒介,陈霖认为:"博物馆媒介在城市传播体系中以叙事空间与时间的关系处理而标识出其独特性存在。" 新媒介技术"作

---

① Roger Silverstone, The Medium Is the Museum: On Objects and Logics in Times and Spaces, from Museums and the Public Understanding of Science, Edited by John Durant, Published by NMSI Trading Ltd, Science Museum 1992, pp. 34 - 42.

为一种建构的力量，促使参观者主体的介入，使博物馆叙事的意义在主体间更多的互动中完成"，博物馆"作为媒介空间在城市传播中通过叙事建构开启的交往实践，促成了既具有意识形态规制又具有城市认同意义提炼的阈限性体验，从而使'市民创造城市'成为可能"①。更为宏观地来看，博物馆是城市建筑和城市文化的组成部分，特别是在传播学研究中对空间维度的重新审视，将原本被排除在"媒介"之外的实体空间重新纳入"媒介"的范畴，是对博物馆为代表的空间场景所构筑的交流关系及其意义的重视，在孙玮对"作为媒介的城市"② 的叙述中认为，新媒体的发展并未削弱实体空间的传播意义，反而与虚拟空间史无前例地交融在一起，构成了更加复杂的城市景观，博物馆作为实体空间的组成部分，在构筑城市的集体记忆和文化特质方面具有不可替代的价值。作为极具代表性的博物馆——故宫博物院，不仅是中国历史、建筑和文化展演的重要空间，更因其坐落在北京城，而对北京的城市传播兼具城市文化和城市形象建构与传播媒介、城市形象标签等重要作用。不断用新技术和新媒体丰富和强化其传播形式、增强其影响的故宫，在新媒体环境下，也在不断通过新的媒体手段传播自身，促成对北京城市形象的建构及其形象内涵的多方位阐释。

2016 年 12 月 31 日 11 时 16 分 54 秒，故宫售票窗口卖出当年的第 1600 万张门票，截至 15 点 30 分停止售票时，故宫 2016年全年接待观众数量达 16018540 人次，较上年增加 6.19%，是

---

① 陈霖：《城市认同叙事的展演空间——以苏州博物馆新馆为例》，《新闻与传播研究》2016 年第 8 期。

② 孙玮：《作为媒介的城市：传播意义再阐释》，《新闻大学》2012 年第 2 期。

该院成立 91 年来年客流量首破 1600 万人次，远超过在"主题娱乐协会"（TEA）与 AECOM 经济咨询团队发布的《2016 主题公园报告和博物馆报告》中排名首位的中国国家博物馆，后者 2016 年游客量为 755 万人次。

（一）作为城市记忆的概念化城市形象标签

作为历史文化名城的北京，历史建筑和历史文化是城市属性中不可忽视的重要内容，而故宫，在北京众多历史建筑和漫长丰富的历史文化中是重要且独特的，在北京城市形象传播中作为概念化的城市形象标签被广为认知和深刻记忆，拥有重要的地标建筑和历史文化展演空间的双重身份。

1. 地标性建筑对城市形象塑造与强化

一座城市涵盖的传播信息是复杂而繁多的，为了便于辨识和记忆，人们倾向于将复杂的城市信息系统用简单的符号来替代。在建筑学界，有"建筑即媒介"的论点，这与"城市即媒介"的论点具有一贯性和相通之处，建筑被赋予的含义远远超过了建筑本身，以北京为例，天安门、故宫、颐和园、圆明园等历史建筑，北京奥运会场馆鸟巢、水立方等现代建筑，都是北京城市的象征、国家的象征、重大事件的象征、时代的象征。正如梁井宇所说："建筑物被当成了一种工具。它被当成宣传国家精神、宣传文化、宣传一个地区经济面貌的一种有效手段。"[1]

---

[1] 梁井宇：《城市，建筑作为大众传播》，http：//www.casece.org/News_Detail.asp？Id=1416。原文载于《赤子》2009 年第 4 期，原标题为《建筑，成为城市的广告传播》。

由此，孙玮认为："要从传播的角度，理解、关注包括建筑物在内的实体空间对人类交往活动产生的影响。在城市研究中，实体空间的媒介角色是非常重要的，它常常是与大众媒介并置，作为一个整体对象，用以考察城市的私人领域和公共领域的交流状态。"①

显然，在与人和公共领域的交流方面，标志性建筑拥有更优的展示位置和更多的沟通交流机会。一般来说，这些城市形象的地标性符号需要具有以下几个特点：第一，独特性，作为城市形象的具象化标签，独特性是最重要的一点，要别无二家，结合城市特色；第二，单一性，比起复杂的文字性的描述，一个简单的视觉形象，更易于简化为抽象的印象，一种花，一种动物，一座楼，符号本身是单一的构成，更有便于其后续的传播；第三，可解释性，城市符号必须有一定的延伸含义，能进一步容纳更多的对城市形象的解读，从而和城市建立起强烈的联系。它们是城市形象建构和传播中最常见的简单适宜的城市形象符号。

有些地标建筑在设计之初就会考虑到和城市形象的结合，整体的风格和印象常常参考整座城市形象后进行浓缩，选择地标建筑作为城市的印象标签，具有天然的适配性，如同巴黎的埃菲尔铁塔，既能见证和彰显工业时代法国的辉煌，同时其设计风格又能呈现出古典而浪漫的审美倾向，是城市最明显、最壮观、最独特的景观；而有些地标性建筑则站在历史的高位厘清城市发展的基本脉络，从历史的继承和流变中定义了整个城

---

① 孙玮：《作为媒介的城市：传播意义再阐释》，《新闻大学》2012 年第 2 期。

市建设的基本格局，从这个角度来看，故宫显然属于后者，它无须附庸于北京现代城市建设的趋向，相反，它以自身的建筑血统和气魄定义了作为现代城市的北京建设和发展的风格、基调与格局，同时酣畅淋漓地彰显着北京乃至中国的历史文化底蕴，这样的地位使得故宫乃至与故宫相关的元素，都具有丰富的内涵和历史延展，如红墙黄瓦、飞檐等都进一步演化成为北京代表性的城市符号，故宫自身蕴藏的建筑特质及其文化内涵，在知名度和吸引力上拥有一般标志性建筑不可能具有的文化和传播价值。

2. 围绕地标性建筑的城市游览仪式

在美国学者詹姆斯·凯瑞（James W. Care，1934~2006）的传播仪式观中，"传播"一词的原型是"一种以团体或共同的身份把人们吸引在一起的神圣仪式"[①]。与主流的"传递观"不同的是，仪式观考察的不是信息在物理空间中的扩散，而是通过信息的共享来达到在时间上对一个共同体的维系；它强调的不是控制与权力，而是共享与交流。

从城市游览的过程来看，一个城市的地标性建筑是旅游规划中的必要元素，参观一个地区的地标性建筑是旅游中必不可少的充满共享性的文化仪式，而城市游览并非只是指针对城市的外来游客，事实上，这样的文化建构过程同样发生在城市居民身上，例如北京市民也常常通过现场的游历，以摄影、文字等形式与故宫的红墙产生各种形式的"互动"与"对话"。对于去过当地的人而言，地标性建筑和名胜是对城市形象的核心

---

① 〔美〕詹姆斯·凯瑞：《作为文化的传播》，华夏出版社，2005。

记忆点；对于没有去过一座城市的人而言，这两者是其潜在的游览目的地，标志性建筑和名胜更是他们对于该城市印象最直观，最简单的认知。对本地居民，博物馆承担着本地文化认同的任务，博物馆本身具有强烈的地域性，根植于特定范围内特定人群所发生的事件与回忆，这就决定了其叙事类型也主要是一种集体性叙事，对于本地城市居民而言，博物馆所展现的叙事内容与他们的联系性更强，更易唤起基于乡土情结的集体性记忆和情感。文化展览对于过去的展现更多表达的是推崇、怀念、叹服的情感。利于唤起城市居民对本土城市的依赖、自豪。在游览的过程中唤起集体性，得到归属感。

　　一个好的城市地标性建筑，它的呈现一定是有着自身的传播仪式脚本的，当游走在故宫、沿着甬道参观兵马俑、登上长城、站在东方明珠塔顶……眼前的景象、历史流转中的痕迹和印象交织在一起，通过视觉感知、文化影响糅合成这座城市独有的文化特征，并具象成个人记忆，成为人们对城市的鲜明印象。在此过程中，实时发生着不同形式、不同层次的"传播"，一方面将标志性建筑分解、消化成自我框架中的一部分，并通过对建筑和文化元素的解构、重构、整合以及内向性传播和外向性传播的再现，与实体空间形成对话和共鸣，新媒体技术的加入，使得人们可以通过微博、网络社区、微信朋友圈实时记录当时当下的场景和感悟，片段化的建筑和文化特质在个人的新媒体场域内被筛选、排列、整合、传播，也共同构成了个人记忆中可被"重复"的经历，使得传播的仪式突破了时间的限制，部分地消除了城市形象传播在与个人"对话"方面时间上的劣势，特别是对于外来游客由于地域限制造成的记忆淡化，提供了对于"当下"的提示，强化了传播的效果；另一方面，在一个公共的、开放的空间内，游览中的个人在同一个时空中，与众人身处同样的叙事场域内，无论是有同游者抑或是单独前往，都会形成与他人状态、认知或情感的共鸣，并可以通过微博、网络社区、微信朋友圈实时记录当时当下的场景和感悟，片段化的建筑和文化特质在个人的新媒体场域内被筛选、排列、整合、传播，不仅共同构成了个人记忆中可被"重复"的经历，打破了时间的界限，也部分消解了空间的限制，将个人感知转变成媒介空间里的群体感知。在这个过程中，人们大多会发布"美好的当下"，于是成为个人和新媒体受众心目中"美好的过去"和别人看到的"美好的经历"，增强了对城市的认同感与满意度。

（二）博物馆的展演叙事对城市形象传播的影响

作为博物馆而言的故宫博物院，本身可以被看作一种十分强大有效的媒介。具有告知信息、讲述故事的作用，面向公众又同时具有教育和娱乐的作用。

一座博物馆，往往是历史性的人文的优质文化集合，这导致博物馆吸引而来的受众，往往具有较高的文化素养或主动的学习倾向。对于现代城市的博物馆而言，教育是其创建伊始就看重的功能之一。当受众选择进入故宫内部，选择浏览故宫发布的信息，即是下意识地默认并接受了其对相关的，例如清王朝的、中国的、历史的等议题设置，因而更加容易被说服。且博物院在内容呈现上，是经过精心设计编排的，因而具有丰富而连贯叙事的高品质传播内容。

同时，当我们身处故宫内部时，即置身于一个完整的叙事展演空间内，直观地接受其视觉、嗅觉、听觉全方位的表达。在这个展演空间内，展品、建筑、文字和其他补充信息充分展现了属于北京的文化氛围，受众身处于媒介之中，几乎无法回避或无视其叙事。

城市博物馆具有承担记录和展现城市历史的作用，是城市"记录册"般的存在。同时博物馆收费较低而游玩价值高（部分博物馆是直接免费开放），这种半公益性质的特点使其在传播中不具有明显的商业性、目的性，不易引发反感。博物馆设立本身就是严肃的，博物馆整体管理的高专业度、展示的价值昂贵的艺术品，还有政府及文化组织的背书等都侧面增加了博物馆作为一种媒介的公信力。在内容的传播上，其有得天独厚的被信任优势。

但这并不意味博物馆就是严肃乏味的，尽管内容往往是严肃的，但城市博物馆具有满足公众精神文化需求的作用，是一个公开的、公众性质的游览放松的文化休闲场所，从承担着为居民和游客提供文化审美享受的角度来看，它仍然具有内在的娱乐性，因而对各类受众有较强的吸引力，是具有强大而高效传播效力的城市形象传播媒介。

（三）作为媒介的演进和变化的城市博物馆

城市博物馆近年来也利用新媒介技术的演进升级自身的信息传播方式和效力，全新的媒介技术为叙事仪式注入了新的活力。博物馆在过去若干年里着手改进的方式之一就是重塑游客体验。博物馆在休闲和吸引家庭游客方面正变得更具竞争力，并采用了更复杂的科技工具。博物馆已经采用了主题娱乐和体验式设计，举办了吸引力强的大型展览活动，以及引用了具有可读性的知识产权。收藏品的功能也正在发生变化，包括收藏品的展出方式和游客欣赏收藏品的方式。①

以故宫作为媒介的城市形象传播中一个显著的缺点是受本身建筑空间的制约，通过 AR、VR 等技术辅助，博物院可突破空间和时间的限制，借助互联网增广其传播范围，将过去只有来到当地才能完成的游览过程变得可在异地完成。在可以预见的将来，利用世界顶级博物馆在艺术、历史、教育等领域发力，会进一步加强展演空间内的文化浸润体验。事实上，新的媒介技术融汇使用于博物馆建设中，也是所有博物馆的发展趋势，一年前只有几家博物馆关注 VR 和 AR 技术；而现在，几乎所有大小博物馆都在考虑通过 VR 创造游客体验，或者让游客以独有的方式欣赏收藏品。②

此外，博物馆作为一种媒介，其优势还在于其基于自身成熟的品牌可进行跨领域传播。博物馆作为一种相对独立的个体的媒介，有许多可变性强而丰富的衍生传播方式，不同于报刊、电视等，博物馆可进行内容输出，博物馆本身也可以成为输出内容。

从近年来故宫博物院的传播来看，成功地把握娱乐性和严肃性的平衡，尤其在近年对文创产品和自身品牌的开发上，其

---

① "主题娱乐协会"（TEA）与 AECOM 经济咨询团队：《2016 主题公园报告和博物馆报告》，2016。
② "主题娱乐协会"（TEA）与 AECOM 经济咨询团队：《2016 主题公园报告和博物馆报告》，2016。

所营造的寓教于乐式的、古典文化与后现代主义结合的、带有社交幽默色彩的氛围，使得其娱乐和传播价值进一步提高，从而进一步扩大了故宫媒介的跨领域影响力，也为古老庄严的首都北京增加了鲜活有趣的新印象。

博物馆正在尝试通过提供定制化服务、沉浸式体验以及其他各种创新手段来增加收入。夜间活动已经呈现指数级增长，为博物馆贡献了大量的客流。而且几乎所有博物馆都在尝试这样的活动，就像尝试 VR 技术一样。同时，一些博物馆正在有意识地营造拍摄环境。将博物馆打造成为游客自拍的背景以刺激用户来访和增加在社交媒体的曝光度。但是，博物馆这些吸引游客的科技也同样会对游客量产生负面影响，因为如果在世界任意地点都能在线访问收藏品和展览时，可能就不会有那么多游客渴望到现场去了。

七 新媒体环境下重大国际事件
传播与北京城市形象建构

（一）新媒体参与的重大国际事件传播在北京城市形象传播中的缘起

2008 年的北京，第 29 届奥运会，新媒体首次参与奥运转播的阵容中，并在其中发挥了不可忽视的作用。而这次奥运会的成功举办，也让全世界聚焦北京，对在世界上传播北京正面、积极的城市形象起到了深远的作用。美国《连线》杂志曾对新媒体一词下了定义，称其为"所有人对所有人的传播"，新媒体在北京奥运会的参与方式，充分展现了新传播方式参与重大事件的宣传并影响城市形象的传播方式。

2008 年北京奥运会的技术主题是"科技奥运"与"数字奥运"。所以当时还刚在起步阶段的"信息科技"——新媒体技术就参与了奥运会的转播，而其敲门砖就是网络直播与转播。2007 年 12 月 18 日，央视网由国际奥委会正式授权成为北京奥运会官方互联网/移动平台转播机构，对奥运会的开幕式和各项赛事进行转播。这也是在奥运转播史上首次将互联网、手机等新媒体作为正式的转播机构，与传统媒体一起被列入奥运会转播体系。① 同时，新浪、搜狐等九家网站也纷纷与央视合作，以获得和央视一样的直播和转播权。据互联网中心统计，在奥运会开始首周，这九家网站的日均访问人数达 1.38 亿次，达到了中国网民总数的一半以上。

同时，网上社交平台也作为另一大新媒体阵营在发挥其作用，增加了奥运受众的选择性和互动性。2008 年 6 月 20 日上午 10 时，胡锦涛通过人民网论坛同网友在线交流，直接对话，把互联网作为"了解民情、汇聚民智"的重要渠道，据此，新兴媒体建设已经成为引导舆论的重要媒体。②

（二）新媒体影响下重大国际事件与城市形象建构

新媒体在 2008 年奥运会宣传中的作用，不仅体现在它参与的进程上，也体现在对媒介事件传播的角度方面，新媒体有效地扩充了北京奥运会传播的影响力。

1. 新媒体环境下重大国际活动的事件性传播脚本

丹尼尔·戴扬、伊莱休·卡茨认为媒介事件（亦称媒体事件）是对电视的节日性收看——主要是国家级的事件，具有三种事件脚本："竞赛""征服""加冕"。也有学者总结道，媒介事件关注的是"公共领域内具有公众性、公开性、公益性和公

---

① 熊茵、胡沈明：《北京奥运会新媒体传播的特点》，http://media.people.com.cn/GB/40606/7492037.html。

② 任龙飞：《北京奥运传播的新媒体研究》，《艺术传媒》2008 年第 12 期。

共性价值的议题事件，即运用各种传播介质如报纸、广播、电视、网络等各种媒体，进行聚焦式、全方位、密集型直播或报道"①。从这个定义来看，北京奥运会无疑是非常具有代表性的媒介事件。作为四年一次的全球性体育赛事，奥运会不仅拥有其本身所具有的竞技属性从而具有天然的竞赛、征服和加冕的特性，而且被赋予了超过体育竞技本身的、代表国家名誉的特点，因此更加吸引受众注意。

北京奥运会的前期，从申奥的准备阶段开始，媒体就一直在跟踪报道，做好了"加冕"的前期准备。北京的宣传片选定张艺谋为导演、宣传片的拍摄播放、申奥现场的同步直播等一系列的宣传活动都在为争取申奥成功造势，使其成为一个全国人民瞩目的大事件。且每每宣传到最后一定要提到"中国人民的崛起""东亚之狮的苏醒"之类带有爱国主义色彩的宣传口号，使申奥上升为不仅是一次奥运举办地的竞争，更是对中国实力的证明。整个事件的重要性一步步提升，最后的申奥成功为此轮宣传画上了完美的句号，完成了一次"加冕"。2001年到2008年的这七年间，奥运场馆的选址修建，"鸟巢"外号的诞生，福娃的征稿和选定，歌曲"北京欢迎你"的播出，等等，这一系列事件都像申奥一样，在完成一个个小型的"加冕"。而所有事件又在给最后奥运会的举办造势，为奥运会的"加冕"做铺垫。

奥运会本身就是一个竞技比赛，带有"竞赛"的天然属性。

① 朱媛媛：《媒介事件及其仪式化和景观化——关涉多元媒介事件延展机制的分析》，西北大学硕士学位论文，2007。

各国运动员之间的竞赛，各国国力的竞赛，奖牌数量的竞争，等等，都成为一个个事件脚本。每一个项目、每一次比赛，都会引起一次次大大小小的媒介事件。这些融合到一起成为奥运会这个世界级的"竞赛"脚本。

庹继光在《奥林匹克传播论》中说："在文化呈现多元化，在电影电视、广播等媒介的栏目或节目被不同的受众群体所选择、所分割，大众传播趋向'小众传播'的情况下，媒介事件却始终表现出它对空间、时间以及对一国、数国乃至全世界的'征服'。"① 这的确是媒介事件本身的一种"征服"。事实上，"征服"脚本体现在很多方面。张艺谋导演的北京奥运会开幕式让所有观众惊叹、赞美是一种征服；外国参赛运动员、领导人来到北京后对中国发展表示惊叹是一种征服；运动员用自己的实力拿到奖牌也是一种征服……"征服"的脚本与"竞赛""加冕"的脚本互相融合联结。有竞赛，就会有输赢，输的一方被"征服"，赢得一方被"加冕"，三者相辅相成，不可分割。

中国传媒大学新闻传播学院刘自雄重新解读了当今社会中存在的媒介事件，总结了媒介事件形成的两种范式：其一，真实事件→媒介化→媒介事件；其二，媒介化的动机→导演事件→媒介化→媒介事件。② 这个总结点明了：一个事件无论是本来就存在的事实还是经过人为策划导演的事实，必须要经过"媒介化"才能最终成为媒介事件。而这个媒介化，在新媒体愈发蓬勃发展的现今，它所指的不再仅仅是新闻记者、报社、电视

① 庹继光：《奥林匹克传播论》，巴蜀书社，2007。
② 刘自雄：《解析"媒介事件"的内涵》，《辽东学院学报》2005年第7期。

台等传统媒体的"再加工"，更包含了目击者、参与者等普通群众在网络上的信息发布和网民们在进行传播时所夹带的个人情感等。"新媒体事件之新体现在事件的爆发或者推动依赖于以互联网为核心的新媒介平台；事件的主导者或参与者不再由传统媒体精英垄断，而吸纳了大量草根网民；事件能否引爆、是否能传播是网民、传媒、政府、企业组织等各种力量角逐和竞争的结果。"① 说的就是这个意思。

2. 重大国际活动事件传播中新媒体的参与程度

在这次奥运会传播中新媒体发挥了很大的作用，根据 DCCI 互联网数据中心的数据显示，2008 年上半年中国互联网在关于奥运的"第一接触媒体"调查中，互联网以 73.2%的比例，远超排名第二的手机（9.5%）和排名第三的中央台（6.3%）（见图 7-1）。可见，互联网这一媒介已被人们熟知且应用自如，互联网使用习惯已基本"固化"。

互联网不仅让网民接触了解北京奥运，同时让他们有了沟通和交流的平台。而他们的讨论、质疑、吐槽等，也在一定程度上在互联网上给奥运会提高了热度，成为其"加冕"的"催化剂"之一。

DCCI 的另一项关于 2008 年上半年中国互联网用户关注/参与奥运的统计表明，通过互联网关注、参与的人数占 72%，超过了通过中央电视台（69.1%）、省级卫视（31%）、地方电视台（23.9%）等传统媒体关注、参与奥运会的人数（见图7-2）。

---

① 钟智锦、林淑金、刘学燕、杨雅琴：《集体记忆中的新媒体事件（2002～2014）：情绪分析的视角》，《传播与社会学刊》2017 年第 40 期。

这也从侧面表现出在 2008 年，"网民群体"，即主要以互联网为了解信息第一渠道的人群已成规模，更多的人开始通过互联网来接触这个世界。

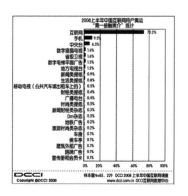

图 7-1　2008 上半年中国互联网用户奥运"第一接触媒介"统计
资料来源：DCCI《2008 上半年中国互联网调查》。

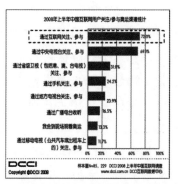

图 7-2　2008 上半年中国互联网用户关注/参与奥运统计
资料来源：DCCI《2008 上半年中国互联网调查》。

互联网和各种新媒体技术的加入使媒体事件开始向"新媒体事件"过渡，主要体现在：一是话语权力关系，由传统精英垄断转变为底层赋权；二是事件的社会效果，到底是延续还是打破传统权力结构，一般很难在事件发展初期就直接判断出来。①

在这次全球性的国际赛事中，普通群众直接参与新闻的传递，通过互联网，将不同视角、不同情绪、不同观点发布到公共平台，补充了记者发现不到的细节或是错过的瞬间；同时通过交互性强大的网络实现最快速的观念交流与碰撞，从而进一步引发热议和提高事件的关注度。可以说互联网的出现和新媒体的发展打开了新闻现场与受众之间的另一扇门，不仅减少了隔阂，使大众离事件更近，从而加强了事件的真实性，而且可以使大众更容易融入讨论，增强了大众的参与意识，促使大众对平等观念、人权观念等科学理性观念更为重视，对社会的整体公众意识的进步起到了不可忽视的作用。

3. 重大国际活动事件传播对新媒体发展的促进

如果说北京奥运会是一个新媒体参与重大国际事件宣传的试水，那么两年后在上海举办的世界博览会上，新媒体以其飞速的发展进程，在整个媒体宣传中占比加重。其中最显著的进步就是"微博"的诞生。

2009 年 8 月，中国最大的门户网站新浪网推出"新浪微博"内测版，成为门户网站中第一家提供微博服务的网站，"微博"

---

① 邱林川、陈韬文、矛知非：《传播科技与新媒体事件》，《传播与社会学刊》2009 年第 9 期。

正式进入中国上网主流人群的视野。2010 年 5 月，腾讯也推出
"腾讯微博"，依靠数量众多的 QQ 用户起家，获得大量注册用
户。2010 年被称为中国微博元年，中国社会科学院发布的《中
国新媒体发展报告（2011）》将微博称为 "2010 年最火的新
媒体"。

　　这一年，微博的用户、博文数量、日活跃人数呈现爆炸式
增长，逐渐凸显了其思想、信息集散地和社会舆论放大器的功
效。微博的火速蹿红，得益于它具有便捷性、时效性、创新性、
原创性、交互性、多样性等特征。它发布信息的门槛低，方式
灵活，传播速度快，在新闻实时传播上大大超越了传统媒体，
而且具有强大的舆论造势和社会动员能力，能够蔓延至社会各
个角落，广泛影响人们的生活。①

　　除了个人使用微博发布信息外，微博也成为政府公布消息
的重要手段。从 2009 年底开始，传统媒体和各地方政府纷纷开
始在新浪网、腾讯网等网站注册微博账户，打造媒体官方微博。
以上海媒体为例，《新闻晨报》于 2009 年 11 月在新浪微博上发
布了第一条微博；上海东广新闻台于 2009 年 12 月在新浪微博上
发布了首条微博；《东方早报》也于 2009 年 10 月和 2010 年 3
月在新浪和腾讯分别开通了微博。

　　经过一段时间的探索，2010 年，上海传统媒体已经能熟练
地利用微博发布信息，进行互动，并能积极利用微博扩大新闻
传播。这为 2010 年在上海举行的第 41 届世界博览会的新媒体宣

①　尹韵公主编《中国新媒体发展报告（2011）》，社会科学文献出版社，
2011。

传打好了基础。而腾讯公司作为上海世博会的高级赞助商，其数据显示，在世博会举行的 184 天时间里，关于"上海世博"话题的网络访问量达到 50 亿人次，访问用户突破 6 亿人次。[①]

这次上海世博会的宣传与北京奥运会的宣传相比方式更多样，参与的人数更多，覆盖面更广，交互性也更高。从网友们对场馆排队的吐槽到对内部展示的评价等，让受众更加感同身受，离现场更近，甚至形成了初步的"现场直播"和"云参观"。

（三）新媒体环境下的重大国际活动传播与集体记忆

1. "集体记忆"概述

新媒体技术的迅猛增长使整个传媒行业开始了大变革，而这种媒体的变革势必会使传播的模式发生改变。本章节探讨的是在新媒体逐渐发展的现今，如何利用新媒体与传统媒体打出"组合拳"，深入了解两种媒体的传播模式，从而更好地宣传北京的城市形象。不能忽视的是，塑造一个城市形象，仅仅研究如何宣传是不够的，更应该了解受众的记忆模式。这就要引入哈布瓦赫（Maurice Halbwachs）的"集体记忆"理论。

哈布瓦赫认为，"集体记忆"是一个特定社会群体成员共享往事的过程和结果。这个群体可大可小，在今天这个时代，这就基本等同于大大小小的"朋友圈"或"聊天群组"。群体之内的各成员之间有某种相同的爱好，或存在某种联系，并且彼

---

① 陈辉楠：《传统媒体在世博报道中对新媒体的运用》，复旦大学 2012 年硕士论文。

此之间可以互相交流沟通。要明确的一点是，"集体记忆"并不是"集合记忆"。"集合记忆"是个体记忆的加总，个体仍是记忆的主体；"集体记忆"则更关注群众层面的符号、仪式，以及超越个体存在的社会和历史要素。

"集体记忆"的形成和稳定性又与"集体情绪记忆"息息相关。越强烈的集体情绪，越会造成更稳定的集体记忆。社会心理学者认为：当一个个体经历了某种情绪时，他/她往往会倾向于将自己的所思所想与别人分享（Rimé，2007a；Rimé，Mesquita，Philippot，& Boca，1991）。而这种分享会反复产生在事件发生后的几天、几个月甚至几年之中。在这个过程中事件本身所带来的情感体会不断发酵，对事件产生的情感越浓烈，就会越渴望分享情绪；产生相同情感的人越多，越会延长乐于分享情绪的时间。社会事件引发的情绪（如集体胜利、集体损失、挫折、成功、事故、灾难、共同面临的威胁等）可以通过大众传媒扩散到人群之中，每个人都可以作为群体、小区和社会的一员与别人分享自己的情绪体验。公共事件里的情绪分享有利于建构情绪气候，而长时间的情绪气候则会形成集体记忆情绪。①

2. 新媒体建构下的重大国际事件中的集体记忆

前文提到的申奥成功，就是一次典型的因对集体的成功而产生的"集体记忆"。大众媒体对这次事件的"集体记忆"塑造起了很大的作用。先是通过各种影像、文字报道，渲染申奥的

---

① 钟智锦、林淑金、刘学燕、杨雅琴：《集体记忆中的新媒体事件（2002~2014）：情绪分析的视角》，《传播与社会学刊》2017年第40期。

重要性；然后跟踪报道整个申奥过程，制造悬念，大量运用"喜悦""喜庆""永恒""中国成功"之类的鼓动性词语，为最后的申奥成功造势；再加上这是一次政府重视的国际性事件。所以整个申奥的报道和宣传事件的活动大部分都是从国家权利视角进行的。国家的力量贯穿于集体记忆建构的全过程，个体或群体可以认同或反抗国家对记忆的塑造，但都必须面对不曾缺席的国家权利。

而在新媒体兴起的今天，集体记忆的产生和形成方式与原来大大不同。形成传统的集体记忆往往是由族群中的精英建构，而新媒体环境下的集体记忆则进入由草根大众书写的时代，撰写和诠释集体记忆的权力被重新分配。大众的介入使既有的集体记忆不断被补充和解构，不同社会地位和背景的书写者对集体记忆的叙述使得记录"完整历史""完整记忆"具有更大的可能性。在这种情况下，集体记忆也突破了传统的唯一叙述框架，多元话语权使得记忆的版本更丰富。① 所以在现在这个新媒体蓬勃发展的时代，怎样使新媒体在城市形象宣传中起到正面作用，是我们需要考虑和研究的。

（四）新媒体参与重大国际活动传播的思考

新媒体发展意味着新的传播工具和技术融入了传统媒介中，使得城市形象传播系统变得更为庞大和复杂：城市形象的传播主体动态均衡、传播媒介交融互动、传受双方界限模糊、互动

---

① 钟智锦、林淑金、刘学燕、杨雅琴：《集体记忆中的新媒体事件（2002～2014）：情绪分析的视角》，《传播与社会学刊》2017年第40期。

反馈成为重要环节且"噪声"贯穿传播始末。①

　　首先，传统的大众传播过程往往是单向传播，虽说也有报纸杂志的读者来信和广播电台听众的电话等反馈机制，但反馈有延迟性，且数量较少，不能全面地了解受众的感受、评论等。而互联网的出现，使得受众有了反馈的平台。以网络为代表的新媒体，改变了以往一对多的传播模式，受众得到了更多的权利，不仅可以自由选择自己感兴趣的内容，充分发表自己的看法和见解，还可以直接参与城市形象传播过程，建立了一种新的、多对多的信息传播模式。这大大改善了传播过程中受众的被动地位，使得城市形象可以通过新媒体的传播即时获得传播对象的反馈信息，及时做出回应或修正，从而让形象传播的目的性、指向性、针对性更强，也能因此达到更好的正面效果。

　　新媒体还有一个优点就是可以做到用户细分，从而使信息得到精准投放。一般来说，传统媒体都是大众传播，信息无差别投放，若是商业信息投放的话，无法达到目标受众的准确投放，性价比较低。而新媒体则强调细分受众，控制信息的受众，从而达到更有效的投放。

　　新媒体对城市宣传的作用也有很多。首先新媒体的出现更有利于对城市形象的多方面塑造。宣传手段的丰富有利于塑造城市丰满的形象，以网站、微博、微信等作为宣传平台，综合利用文字、图片、视频等信息，可有效地展示城市的天气、交通、旅游资源等，更全面地呈现地区的特点。在城市形象的塑

---

　　①　刘慧：《新媒体环境下南京城市形象的媒介传播策略》，《今传媒》2002 年第 7 期。

造中，也可以根据不同的需求，对宣传媒介的类型进行选择，实现最优的媒介规划。

其次，新媒体的传播可以促进对城市形象建设的优化升级。任何一座城市，或地区必然存在优势和劣势，而网络媒体因其具有广泛性、普适性和双向性，使得本地政府在进行城市规划时能够通过有效的渠道了解本地市民和外地游客对本地区的意见和建议，进而根据大众提供的信息对城市中存在的问题或发展中存在的缺陷进行整改，对存在的优势继续发扬和宣传，起到优化城市形象的作用。

最后，它还能对城市的发展方向起到规划作用。在网络兴起之后，使运用广泛的民意调查等民主手段成为可能。城市的发展不仅关乎本地政府的形象，更直接关系本地居民的生活质量。以网络为依托不仅可以广泛听取民意，而且能对政府的政策行为进行有效传播，可以积极引导大众的言论和行为，从而规划城市的发展方向。

以受众覆盖面最广、使用率最高的两个媒介——微博、微信——为例。

微博用户涵盖了社会的各种人群，具有多层次和多元化的特点，这决定了微博中城市形象传播的主体涵盖了城市的政府机构、企事业单位、本地市民、外地游客等，他们都是城市形象的塑造者与传播者，共同在微博中有意无意地传播城市形象的方方面面。众多的微博事件表明，被用户认为有价值或有争议的微博信息会在发布后极短的时间内，传播给大多数微博用户，其传播速度十分惊人。因此，在进行城市形象传播过程中，可以利用其速度快的特点，比如在危机事件的处理中，就可以通过微博进行城市形象的快速修护和构建。

　　与微博相比，微信更多的是"熟人互动"。微信用户之间的联系比微博更紧密，彼此相互认识，了解。而由熟人传播的信息更容易被受众接受和相信，加上"一对一"为主的传播方式，更容易引起受众的兴趣和注意。另外，微信还拥有"微信公众平台"这个庞大的信息交流平台。因其申请容易、发布信息方便而被广泛使用。通过粉丝先行关注再传播，细化了受众群。通过后台的用户分组也可实现精准的消息推送。可以针对重点城市信息进行定时推送，及时传达城市相关信息，从而增强信息的有效率，采取有效手段加强在平台中的舆论引导，就能收到事半功倍的效果。

　　当然，在新媒体为城市形象传播做出贡献的同时，需要明白由于其准入门槛低、使用者鱼龙混杂，因而使信息监管和平台维护成为必要。偏激片面言论、虚假不实信息会对城市形象造成影响，也会使公信力下降，从而影响之后对城市形象的宣传和维护。所以中国政府进一步加强监管控制，包括成立"中共中央网络安全与信息化领导小组"，由习近平亲任组长。[①]网络监管成为未来发展的重点。相信越来越丰富的新媒体平台和越来越完善的法律法规通力合作，会为未来城市形象宣传助力。

---

①　邱林川、陈韬文、矛知非：《传播科技与新媒体事件》，《传播与社会学刊》2009 年第 9 期。

八 城市主题公园的新媒体
传播与城市形象建构
——上海迪士尼与北京环球
影城的对比研究

　　主题公园是根据一个共同的或一系列的主题设计,结合了景观、环境、游乐设施、表演和展览等内容的综合性休闲娱乐场所,体现了人类对于休闲偏好的重要转向。欧美主题公园往往围绕卡通人物、童话故事等人为想象创造出来,日益模糊的真实与非真实界限、极度夸张的时空压缩现象、强势冲击的去差异化发展等,使其具有极强的后现代性。① 美国、日本的主题公园研究显示,主题公园的独特创意、大规模投资的发展方式打破了传统资源基础型的一般旅游发展模式,在提高地区知名度,

---

　　① Franklin A. *Tourism*: *An Introduction*. London: Sage, 2004: 38–62. 引自钟士恩、张捷、李莉、钟静《中国主题公园发展的回顾、评价与展望》,《旅游学刊》第 30 卷 2015 年第 8 期。

促进经济增长中具有极其重要的意义。①

（一）城市主题公园发展概况

1. 城市主题公园全球发展概况

由"主题娱乐协会"（TEA）与 AECOM 经济咨询团队联合推出的《2016 主题公园报告和博物馆报告》显示，全球主要的主题公园运营商凭借其持续稳健的市场表现，使其 2016 年游客量从 4.2 亿人次提高到 4.38 亿人次，实现了 4.3% 的增长。而由于部分地区低迷的市场表现，例如香港地区的主题公园，世界排名前 25 位的主题公园游客量由 2015 年的 2.356 亿人次下降了大约 1%，其游客量仅为 2.331 亿人次。

在全球排名前 25 位的主题公园榜单上，迪士尼乐园依然占据主导地位。其中，上海迪士尼乐园的表现尤为不凡，开业一年就进入该榜单第 21 位，迪士尼度假区在上海开业获得了迪士尼主要资源的集中投入，也导致北美地区迪士尼乐园游客数量的下滑，上海迪士尼乐园年接待游客量成绩直逼香港迪士尼乐园（第 17 位）。另外，长隆海洋王国遥遥领先香港迪士尼乐园、香港海洋公园、上海迪士尼乐园，排在第 12 位。

从全球主题公园的分布图来看，一个地区主题公园的游客数量变化不仅影响着主题公园自身的运营收入状况，而且对该地区的经济发展、地区影响力也都发挥着十分显著的作用。

---

① Williams S W. Tourism Geography: A New Synthesis [M]. London and NewYork: Routledge, 2009: 200-206. 引自钟士恩、张捷、李莉、钟静《中国主题公园发展的回顾、评价与展望》，《旅游学刊》第 30 卷 2015 年第 8 期。

2. 城市主题公园亚太地区发展概况

《2016 主题公园报告和博物馆报告》中对亚太地区城市主题公园发展的经验总结为：主题公园再投资和市场营销成为游客量增长的关键因素。

报告称，总体来看，2016 年亚洲主题公园市场增长强劲，三大主题公园运营商华侨城、华强方特和长隆都实现了游客量的大幅增长，增加的游客量不仅来自新开业景区，也有部分来自原有景区。有效的市场营销并配合再投资和设施更新促进了游客量的增长，部分公园内新增的娱乐设施同样也刺激了游客量的增长。亚洲主题公园运营商采用了诸如社交媒体平台互动和更加灵活的定价、折扣等一系列日益成熟的促销措施，旨在提高游客的重游率以及在淡季吸引更多游客。此外，部分运营商还通过与一些风景名胜景区和较小的景点达成管理协议，拓展其运营范围。

报告指出，业绩表现最出色的几家运营商正在努力改变游客的到访模式以提高游客量。主题公园一个显著的市场特征就是其明显的季节性，在节假日和平日游客量会有特别大的差异。主题公园在节假日的游客量可能高达几万人次，而在一般工作日则仅为几千人次。通过在微信以及类似的网上论坛针对目标市场进行促销活动，运营商在缩小淡旺季差异方面取得了一定成效。游客可以通过移动设备在网上购买门票，到达公园时，扫描二维码即可入园。除了提供餐饮和门票折扣等促销活动，运营商在内容方面也不断推陈出新。以华侨城为代表的运营商，在公园内增加了更多的娱乐设施。一些运营商与国内知识产权品牌合作，以吸引家庭游客市场。例如，华强方特在公园内加入了正在热播的卡通动画片《熊出没》中的人物形象。①

　　亚洲经济发展依然强劲，带动了主题公园游客量的持续上升。虽然不同国家情况不尽相同，但是，2016 年总体上是非常稳健的一年，发展前景也十分乐观。亚洲大多数国家和地区的旅游业发展迅速，国内和国际游客人次均实现两位数增长。然而国内主题公园的营业收入仍有增长潜力。尽管国内的一些主题公园也正在学习国际大型主题公园去稳步升级公园各类设施，在采用国内知识产权和利用社交媒体进行市场营销方面也颇有成效，但相比国际大型主题公园，国内主题公园在游客园内消费方面仍然低于平均水平。国内主题公园开发商仍然把目光集中在如何提高游客的数量上，而忽略了如何去提高零售、游戏、餐饮以及 VIP 体验产品的附加值。在尚未获得上海迪士尼乐园全年访问人数的情况下，上海迪士尼乐园的开业早已显示它会是中国主题公园市场发展的一个重要里程碑。上海迪士尼乐园目前的业绩甚至好于预期，体现了中国市场的巨大潜力。这也说明中国消费市场完全有能力接受迪士尼的价格水平：门票销售量和游客量已超过数百万人次。迪士尼投入巨资建造了这个具有多个一流景点的世界级主题公园，同时也为其未来的发展铺设好了道路。一定程度上，其竞争对手环球集团也乐见其成，目前北京环球影城正在紧锣密鼓的建设之中。还有更多的开发商以及国际主题公园运营商正在计划抢滩登陆中国市场。

　　总体预测还是和之前一样，中国主题公园的整体游客量将

---

　　①　"主题娱乐协会"（TEA）与 AECOM 经济咨询团队：《2016 主题公园报告和博物馆报告》。

会在 2020 年前超过美国。这也显而易见，因为中国人口是美国人口的 4 倍。

3. 亚太地区城市主题公园的发展状况比较

亚洲排名前 20 位的主题公园存在较大的区域内差异。中国大陆地区主题公园市场在 2016 年表现不俗，而香港的主题公园却在苦苦挣扎。放眼亚洲其他地区的主题公园市场，游客量也呈现这种不均衡的状态。其实这是亚洲主题公园市场演变发展过程中的正常现象：虽然主题公园市场整体发展迅速，但是激烈的竞争和市场剧烈变化都会大大影响个别主题公园的业绩表现。

主题公园市场远未饱和。以上海华侨城为例，即便直接面对新开园的上海迪士尼乐园的激烈竞争，上海华侨城仍然在 2016 年取得了难以置信的业绩。因为上海华侨城在过去一年不遗余力地对设施进行了再投资和更新，以维持其市场竞争力。

2016 年是华强方特集团新开业的几家主题公园的首个运营年，其游客量实现大幅上涨。新景区和灵活的票价成为游客量增长的主要驱动因素。

日本环球影城也以 1400 多万人次的游客量实现了又一年度的强劲增长，这在很大程度上应归功于其哈利·波特景点的持续吸引力。而日本其他主题公园的游客量则大多表现平稳。

香港迪士尼乐园和香港海洋公园的游客量分别陡降了 10.3％和 18.8％。这已经是游客量连续第二年大幅度下跌。最直接的原因是来自中国大陆的游客数量连续两年下降，这部分游客选择了诸如泰国、日本和韩国等其他旅游目的地（庞大的来港旅游人数近几年在香港引起了一些负面反应，进一步减弱了游客旅游的意愿)。但是,更重要的一个因素应该是中国大陆目前新开业的多个主题公园具有很强的竞争力,这意味着主题公园对于中国大陆来港游客而言不再是必游项目。香港迪士尼乐园和香港海洋公园都积极计划开发新的景点,因此,我们期望看到两者的游客量不久将会有所上升。现有的主题公园不进则退,需要对它们持续不断地再投资,升级改造设施景点,并提升产品服务和市场营销活动以实现营业收入最大化。

韩国主题公园市场 2016 年业绩表现好坏参半。由于韩国国际游客数量大幅增长,韩国乐天世界游客量猛增 11%,和上一年度受到中东呼吸综合征(MERS)负面影响的游客量相比有了较大的反弹。爱宝乐园的游客量则表现平平。

北京环球影城主题乐园位于北京市区东部偏南,是世界第六个、亚洲第三个环球影城,北京从 2001 年左右就已经启动针对此项目的调研和前期工作,预计 2020 年开园。项目由美国环球影业电影公司和首旅集团共同出资,总投资高达上百亿元人民币。据了解,仅核心区面积,北京环球主题公园就已超过日本大阪环球影城 2 倍,相当于 5 个新加坡环球影城。但相比上海迪士尼乐园,北京环球影城的知名度可谓奇低。

(二)上海迪士尼乐园的新媒体传播策略与城市形象塑造

1. 上海迪士尼乐园新媒体传播的类型概况

早在上海迪士尼乐园开园以前,上海迪士尼乐园就开通了官方微博、微信,在官方平台上不定时地跟进园区建设情况,可谓是做足了前戏。园区尚未成型,名声就已远播千里,其开园信息早已广为流传。官方微博、微信非常有前瞻性，通过系列信息的发布，始终保持着上海迪士尼乐园的热度，使其逐渐走入越来越多人的视野，慢慢"征服"了大众的内心，上海迪士尼乐园慢慢变成中国大陆最梦幻、最正宗游乐园的代名词。

2. 上海迪士尼乐园新媒体传播脚本

2016 年 3 月，上海迪士尼乐园正式发布制作精美的宣传片，为开园预热，影片文案强调："无论你是谁，无论你何种年纪，只要心中充满童心，就能在这个奇幻国度里放飞想象，请接受我们的邀请，带上家人好友，在即将诞生的上海迪士尼，一起点亮心中奇梦！"这将迪士尼乐园受众的年龄范围扩大，通过小象、南瓜马车等一系列梦幻元素将迪士尼乐园的甜美表现得淋漓尽致，亲民又吸睛的文案瞬间吸粉无数，"征服"了每一个渴望童话世界的潜在客户，让大众在开园之前就对上海迪士尼乐园充满了期待。由于迪士尼文化的影响，许多人小时候的梦想就是去迪士尼乐园游玩，然而很多人并没有实现这个梦想，因为离我们最近的迪士尼乐园也是在香港。上海迪士尼乐园很好地抓住了大众的这种心理，以"圆梦"为开园主题，让大众去弥补自己心中的遗憾，人们想去游玩的可能不是一个游乐园而已，而是想在其中找寻童年的回忆，独特又恰当的主题使得上海迪士尼乐园在与其他众多大型游乐园的"竞争"中脱颖而出。而"圆梦"这个主题看似平易近人，实则也是上海迪士尼乐园对自身的一个"加冕"，试问，除了迪士尼乐园，还有谁敢许诺用一座游乐园来"圆"所有人的梦呢？

3. 上海迪士尼乐园新媒体传播仪式与城市形象塑造

2017 年 6 月 16 日，上海迪士尼乐园正式开园，夜晚"梦幻烟花秀"在园区上演,这是对迪士尼文化的致敬,也是对上海园区的美好祝福。上海迪士尼乐园通过这个看似毫无创意实则情怀满满的烟花秀赚足了眼球,营造了强烈的仪式感。在场的数万名游客通过自媒体平台自发地向世界直播了这场盛事,上海迪士尼乐园的开园烟花秀开启了一种前所未有的现代参与模式,人们通过自媒体平台的"直播"功能一起见证历史,每个游客都是这场盛事的参与者和推动者。烟花划过迪士尼城堡是迪士尼的文化符号,上海迪士尼乐园将这种符号通过全民参与的烟花秀加以展示、传播,宣告园区建成,为自身"加冕",在上海开展了一场盛大的宴会,使得节日氛围愈加浓厚,"征服"了每个参与者,节日气氛不断蔓延,被"征服"者也越来越多,进而使越来越多的人慕名而来。

这一系列活动的策划加以普通民众的参与,使得上海迪士尼乐园在开园之际就在国内游乐园市场的"竞争"中赢得头彩。迪士尼乐园上海园区的开园已经不仅仅是游乐园本身的喜讯,而且融入了上海本身的城市形象,自此,上海迪士尼乐园成为上海城市形象的一部分,既是必游景点,也是一种文化符号。

上海迪士尼乐园在园区建设和主题选取上都体现了很多中国文化的元素,比如《功夫熊猫3》中的经典形象——熊猫,成为中国的文化符号,在这里,游客可以深入体验东方文化的魅力。上海迪士尼乐园的主题契合了中国的传统内涵和历史文化,使它区别于香港迪士尼乐园和日本迪士尼乐园,乐园内的"十二朋友园"在迪士尼乐园历史上首次出现,表达了迪士尼对于中国传统文化中十二生肖的敬意。"鼠、牛、虎、兔"等十二生肖分别被迪士尼动漫中的相应角色取代。上海迪士尼乐园在官方微博、微信平台上皆强调了乐园的中国特色，获得了中国游客的认同感，独具特色的园区建设在一定程度上肯定了中国文化，为其专门建设场馆，增强仪式感，为中国传统文化"加冕"，同时也迎合了中国口味。

让中国文化正式进驻迪士尼乐园，这一举措"征服"了中国游客，这也使其区别于其他地区的迪士尼乐园和上海本地的游乐园，在文化主题"竞争"上取得优势，也强化了主题乐园和城市之间的关联，成为城市形象框架中的代表性符号。

（三）北京环球影城的新媒体传播策略与城市形象塑造

1. 北京环球影城新媒体传播的类型概况

在人们最初听到环球影城即将落户北京这个消息时即被瞬间"征服"，这源于环球影城本身在世界各地的口碑与反响，但其在宣布即将落户通州以后，就没有了后续了跟进，由于未能保持热度，北京环球影城已经退出了人们的讨论范围。

截至今天，北京环球影城未开通任何官方微博、微信，仅仅通过外网的信息更新，很难迎合中国文化并满足国内大部分人的需求。由于官方更新信息不及时，民间曾流传园区 2018 年开园的消息，随着时间的迫近，官方不得不正式辟谣，但为时已晚，部分群众已失去了去园区的兴趣，使得北京环球影城在与其他大型游乐园的"竞争"中失去了起步优势。

反观其兄弟乐园日本大阪环球影城，在开设新的园区——小黄人园区以前，充分运用大众媒体进行传播，在官方平台上公开消息，而北京环球影城并没有为开园而预热。

北京环球影城应该尽快建立官方微博、微信平台，通过相关信息的持续性传播"征服"潜在游客，在开园前期就逐渐提升自身的"竞争"力，使其区别于北京欢乐谷、石景山游乐园等景区。应尝试开发独立 App，让环球影城爱好者有一个专属的平台，建造仪式感，从而通过在 App 里发布的内容为北京环球影城本身"加冕"。

2. 北京环球影城新媒体传播的脚本建议

北京环球影城可借鉴上海迪士尼乐园的成功经验，选取重点宣传内容和独树一帜的主题文化，将环球影城的惊险刺激和多元文化通过宣传片加以宣传。充分运用新媒体资料，将环球影城与北京这座城市更加密切地联结，先"征服"本地游客，再吸引全国游客。与迪士尼乐园的"小清新"不同，环球影城追求的是惊险刺激，因此，环球影城的宣传片应该着重强调园区的好玩和刺激性。作为世界上最大的电影题材主题公园，游客可以参与电影实际的幕后制作并了解特殊的摄影技巧，北京环球影城将是电影爱好者的福地，更是冒险者的"天堂"。惊险刺激将是北京环球影城与其他游乐园"竞争"的优势，园区的宣传片一经发行，"竞争"便将开始。

北京环球影城可以在开园初期多开展一些烟花、巡演等视觉感受项目，将脸谱、戏曲等更多中国元素加以融合，在新媒体平台上传播相关信息，引发网友的关注与转发，以"征服"越来越多的游客。同时保持展示电影幕后的特色，为中国游客展现独特的电影拍摄技巧，特别展现带有中国元素的电影拍摄技巧，使其区别于其他游乐园。强调以揭密电影幕后为特色，有利于其市场"竞争"。

开园当天，应开展园游会，给予慕名前来的游客足够的仪式感，既是对自身实习的展示，也是对北京环球影城园区的"加冕"。可借鉴大阪环球影城的经验，2017年4月18日大阪环球影城举行了小黄人乐园试运营活动，全部游客和工作人员身穿小黄人服饰，变装为小黄人的样子，场面十分热闹，让人联想起小黄人系列动画片中的场景，热烈的氛围"征服"了每一个亲身体验或者密切关注的人。

北京环球影城也可以借助《驯龙高手》《怪物史莱克》《哈利·波特》等国际知名 IP 打造主题乐园，着重将中国元素融入配套餐饮、住宿设施中，而并非效仿上海迪士尼游乐园，将中国元素生硬地植入园区。在环球影城经典的鬼屋项目中，可以融合中国鬼怪元素，避免文化差异带来的尴尬，充分参考古籍中对于妖、魔、鬼、怪的界定，让游客在享受惊险刺激的同时，进一步了解中国传统文化知识。

3. 北京环球影城新媒体传播的大数据运营建议

迪士尼集团通过一些创新科技手段，例如魔术手环以及其他游客追踪系统，取得了前所未有的大量可用的游客数据，并找到了增强游客体验和提高收入的方法，例如定价优化、零售定位和季票分层系统，包括限定日期、奖励机制以及假期套餐等。迪士尼集团努力将创意和大数据相结合，例如斩获 2017 年主题娱乐大奖的幽灵鬼屋不仅为季票持有者带来了特殊体验，也为运营商贡献了新收入，同时也使得迪士尼集团能够观察和鼓励细分客群的行为，并改变人们游览公园的方式。

大数据有助于发现大的商业机会。有一句商业格言是：促使现有的顾客提高消费要比开创新的客源成本更低。这样做也能释放现金流以进行再投资，因为在旅游景点行业，持续再投资是提高重游率的不二法则。一些其他的运营商也正在着手开展大数据培训。以环球影城新建的火山湾水上乐园为例，其现代企业系统使用了射频识别技术以方便游客进出，同时也有助于收集更多的游客数据。[①]

---

① "主题娱乐协会"（TEA）与 AECOM 经济咨询团队：《2016 主题公园报告和博物馆报告》。

九 新媒体环境下北京城市
形象传播的路径选择

（一）城市形象传播的时代性演进

1. 城市形象传播目标的阶段性变化

美国营销专家菲利普·科特勒将城市形象目标划分为三个阶段。

第一阶段，以追逐"烟囱工业"为主要内容，这始于20世纪30年代，以"更佳的商业气候"为卖点吸引商业、工厂以及投资，发掘了低成本生产的优势——以廉价劳动力和土地、低税收以及公共财政资金来吸引新兴产业和投资。

第二阶段，20世纪70~80年代，地方营销进入第二个阶段，即目标营销。代替追逐单一目标——吸引商业，地方营销目标转向多元化——保留现有企业、创办新企业、开展旅游、促进出口和对外投资。在美国经济不断发生变化、竞争日趋激烈的情况下，改变了营销方法，从随意的漫无目的的方法转向基于竞争分析和市场定位的更加精巧的策略。开始细分市场和

买者，并根据研究和分析将其产品和服务用于不同的客户。地
方推销者从铺货式的大规模营销转向针对性营销——强调满足
特定客户需求的独特产品的营销。地区也更强调维护和支持内
部市场和资源——地区自有商业、工业、企业家、新产品和公
关资源（大学、研究单位、金融机构等）。

第三阶段，是在 20 世纪 90 年代的 10 年里，地方营销开始
迈向第三阶段——对产品和竞争利益的思考。针对目标产业，
它们试图使自己成为具有特别竞争优势和与众不同的地区，努
力发展那些能够为目标客户创造价值的特定产品和服务；进行
人力资源培育，以使当地居民在高科技的信息社会里有效地发
挥作用；投资建设功能良好的基础设施以支持一种优质的生活
品质。①

2. 从"政府"到"全民"——城市形象传播的分权规划

城市形象传播的分权规划一贯是政府公共部门的必要职责，
然而，随着社会发展，"作为地区的责任，地区发展不再被看作
对中央政府的一种政策呼应，甚至也不局限于公共部门的活动，
它成了所有人的事情——各个政府层级、所有部门和所有包括
从国家-国际到地方-社区的组织形式"②。

当责任从国家转移到地方一级政府，又从地方一级政府转
向全民时，支持地区发展项目的资源也从政府公共资源逐渐向
民间转移，特别是新媒体在城市形象传播领域的不断渗透，费

---

① 〔美〕菲利普·科特勒：《地方营销》，上海财经大学出版社，2008，第71~
72 页。

② 〔美〕菲利普·科特勒：《地方营销》，上海财经大学出版社，2008，第71~
72 页。

用低廉甚至免费使用的新媒体改变了传播的结构，更多的普通民众具有了传播城市形象信息的便利性和自由度。

在这样的环境下，城市形象传播自发地形成了分权规划的体系结构，以适应传播发展的需求，随着系统内部国家、地方政府在城市形象传播中项目责任的向下分配和移动，政府开始转向专注于建立城市发展竞争能力的资源、体制和领导力，以便于形象传播适应当下这个不断变化的动态过程，将所有的传播活动进行整合，挖掘城市形象传播的各方潜力，把整体的传播目标和潜在的传播力量联系在一起，最终形成引人注目的传播效应。

（二）城市形象传播的信息扩散模式

1. 新媒体影响下的传统大众媒体在城市形象传播中的信息扩散模式

从上述案例不难看出，即使是在新媒体环境中，传统大众媒体仍延续着纵向话语权的传播逻辑，政府部门作为主要的城市形象传播主体在传统大众媒体的使用方面积攒了丰富的经验，也习惯于通过传统媒体开展城市形象传播的大部分活动。

根据上述案例，本研究以议程设置理论作为分析的理论框架对新媒体影响下的传统大众媒体在城市形象传播中的信息扩散模式做出如下理论假设：国家话语环境设定了城市形象传播的基调和基本框架，作为城市形象传播主体的政府，其所代言的政策议程是传播的起点，并借由大众传播媒体对大众进行广泛传播（见图9-1）。

由于新媒体的加入，在议程产生影响的过程中，政策议程

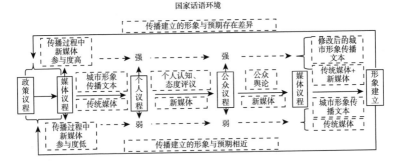

**图 9-1 议程设置理论框架下新媒体环境中的传统媒体在
城市形象传播中的传播模式**

资料来源：作者自制。

首先影响的是媒体议程，但传统媒体产生的议程影响不再具有
一呼百应的效果，其中增加了个人议程的环节，即传统媒体议
程通过传统媒体的传播通道将政府议程中设定的城市形象传播
文本传递给个人，因而首先对个人议程发挥作用。

在影响个人议程的过程中，个人议程还受到新媒体渠道信
息来源的影响。

存在的第一种可能性是，若传播过程中新媒体的参与度高，
个人议程受新媒体的影响就会较强，并会通过新媒体传播渠道
将糅合了传统媒体和新媒体信息的个人认知、态度和评议再度
传播出去并影响更多的受众，从而形成相对集中的公众议程。
这一公众议程作为具有影响力的"公众舆论"，又会通过新媒体
平台再次影响媒体议程，促使原始的城市形象传播文本进行再
度修改后由传统媒体和新媒体共同完成二次传播，建立最终的

城市形象。显然，最终建立的城市形象在个人议程、公众议程以及受到公众议程影响的媒体议程不断推动和修正中，已与政策议程最初设定的城市形象传播文本产生了一定的差异，在对城市形象传播效果掌握和控制方面也与最初设定的目标存在差异。

存在的第二种可能性是，若传播过程中新媒体参与程度低，个人议程产生的影响也就会弱，较少通过新媒体传播渠道将糅合了传统媒体和新媒体信息的个人认知、态度和评议影响受众，因而难以形成相对集中的公众议程，也较少将这一公众议程作为具有影响力的"公众舆论"通过新媒体平台再度影响媒体议程，因而最终建立的城市形象与最初通过传统媒体传播的城市形象文本较为贴合，在对城市形象传播效果掌握和控制方面也与最初设定的目标较为相近。

尽管曼纽尔·卡斯特尔早在十几年前就在《网络社会的崛起》中表达了信息技术范型及其创建的新的社会认同力量牵制并构成了新社会浮现的基本张力，[①] 但传统媒体并未在传播包括城市形象传播中完全失去话语权。

2012 年底，哥伦比亚大学新闻学院推出了一份长达 126 页的报告，报告中谈到了在媒介生态环境变迁的时代背景下，美国传媒业已经经历或者正在经历的变迁，以及新闻机构、记者从中吸取的经验教训。其中提道："在新闻生态系统中，竞争和合作之间总是存在紧张关系，但在目前的环境下，竞争成本上

---

① 〔西班牙〕曼纽尔·卡斯特：《网络社会的崛起》，夏铸九、王志弘等译，社会科学文献出版社，2001，第 7 页。

升，合作成本大幅下降，而单独工作的价值也下降了。"传统媒体的转型离不开"合作"这个话题。

但是这种合作还显得不充分，也显得不太成熟。在喻国明、曲欣悦、罗鑫的论文中指出，传统媒体和新媒体在现实生活中的合作存在很多误区，导致不少媒体将大量的时间、金钱等资源耗费其中，"交了巨额学费"，却在"试错"中错过了宝贵的时机。①

总体来讲，城市形象传播仍较多地通过传统媒体进行扩散，其原因在于传播者对传统媒体的依赖性，相比新媒体，传播者使用传统媒体的时间更长，使用得更为熟练，因而也对其更具依赖性。

正如所有的传统媒体都在寻求与新媒体合作的路径和模式，城市形象传播不可能只依赖传统媒体，而忽略与新媒体的合作。对城市发展而言，在新媒体环境下，越早采用新媒体传播，越有可能在传播过程中占领先机，而且一旦掌握了在新媒体场域内的城市传播"话语权"，也就意味着在资源获取、传播模式、传播技术采用以及发展机遇等方面都更具优势。

2. 即时通信媒体在城市形象传播中的信息扩散模式——用户的个人选择与信息流的形成

以议程设置理论为基础，对即时通信媒体在城市形象传播中的信息扩散模式进行理论假设，在政策议程影响下，媒体议程通过传统媒体、新媒体或二者相结合，将城市形象传播文本

---

① 喻国明、曲欣悦、罗鑫：《试析传统媒体与新媒体的合作模式与操作要点》，《中国地质大学学报》（社会科学版）2016 年第 7 期。

传递给即时通信媒体个人用户 A，个人用户 A 借助即时通信媒体平台，以转发、@ 等方式传播给即时通信媒体个人用户 B，个人用户 B 借助即时通信媒体平台，以转发、@ 等方式传播给即时通信媒体个人用户 C……

当个人用户间的传播形成传播的延续性，呈现信息流的形式并达到一定规模时，出现的公众议程将对政策议程及媒体议程产生反馈和影响；若个人用户间没有形成具有延续性的传播，无法形成信息流并达到一定规模，中断的传播将不会形成公众议程，也将不能产生其应有的社会影响力（见图 9-2）。

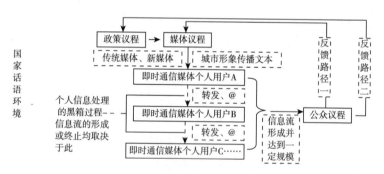

图 9-2　议程设置理论框架下即时通信媒体在城市形象传播中的传播模式

美国社会学家马克·格兰诺维特（Mark Granovetter）在其《弱连接的力量》（*The Strength of Weak Ties*）一书中，总结了不同研究中这样的连锁任务完成的比例范围从 12% 到 33%，而完成链接的数量范围从 2 个~10 个，平均为 5~8 个。但从目前的城市形象传播实践来看，完成的链接数量范围未能达到一个基本的数值。在传统的传播环境下，控制并测评即时通信媒体在传播中信息流的形成最困难的部分在于，对于传播者和研究者而言个人信息处理的过程以及如何做出继续传播的决策是一个难以掌控的黑箱过程。但是，正如维克托·迈尔-舍恩伯格和肯尼思·库克耶在《大数据时代：生活、工作与思维的大变革》一书中所阐述的那样，大数据时代的到来，即大数据为人们获得新的认知、创造新的价值，以及在改变市场、组织机构、政府与公民关系服务等方面提供的技术和思维的变革，对个人信息流形成路径的测评与控制提供了新的实现路径。大数据时代一书指出，我们了解世界的方式无非是通过"因果关系"，即在理解和解释世界各种现象时使用两种基本方法：一种是通过"快速、虚幻的因果关系"；另一种是通过"缓慢的、有条不紊的因果关系"，① 而大数据会改变这两种基本方法在我们认识世界时所扮演的角色。借助即时通信媒体开展的城市形象传播也可以转变思路，在对个人传播行为数据分析的基础上，从对城市形象传播主题、文本、叙事与传播过程和效果之间"因果关系"的探求，转变为对其"相关关系"的获取和使用，让数据告诉我们"会发生什么"，而不是"为什么会发生"。城市形象传播或许可以摆脱"为什么和怎么做"的困境，通过大数据分析知道"是什么"能够成就我们想要的城市形象传播效果，通过这个良好的关联物，帮助我们捕捉现状和预测未来。这不是对"因果关系"的全盘抛弃，尽管它不可能再成为城市形象传播应该如何开展的唯一来源，但在很多情况下，我们依然指望"用因果关系来说明我

---

① 〔英〕维克托·迈尔-舍恩伯格、肯尼思·库克耶：《大数据时代：生活、工作与思维的大变革》，盛杨燕、周涛译，浙江人民出版社，2013，第84页。

们所发现的相互联系"，只有真正透彻分析更深层次的"为什么"，才能做到对城市形象传播方式的真正把握。

从整体的传播结构来看，发挥"密集网络"和"离散网络"各自的优势，联结"强连接"和"弱连接"之间的传播路径，一方面突出密集网络中强连接的说服效果，另一方面通过分散的、松散的结构实现强凝聚力的宏观结构，创造适宜搭建社交网络弱连接的环境和路径，实现个人经验与大规模社会结构的紧密相连和微观与宏观之间的联结。①

3. SNS 社交媒体在城市形象传播中的信息扩散模式——人际网络中的意见领袖

在分析通过社交媒体进行城市形象传播路径时，了解社交媒体中意见领袖发挥的作用至关重要。从传播流程来看，信息的起点有可能是政府议程、媒体议程或者是由社交媒体内部的公众议程发起，从上述社交媒体的城市形象传播案例来看，也印证着传播的起点可以是三类议程中的任意一种，城市形象传播的文本从传播的起点出发，可以通过传统媒体和新媒体两种渠道影响其他议程（见图9-3）。

针对同一城市传播文本，在社交媒体中的意见领袖所持的认知、态度和意见可能各有不同，群体成员根据意见领袖的态度表达确定自己所属的意见群体。勒庞讨论"感情的强化"与"理智的欠缺"，他指出，在群体和有组织的团体中间"感情传染"和"易受暗示"有着巨大的作用，勒庞特别指出了

---

① Mark S. Granovetter, *The Strength of Weak Ties*, *The American Journal of Sociology*, Vol. 78, No. 6. (May, 1973), pp. 1360-1380.

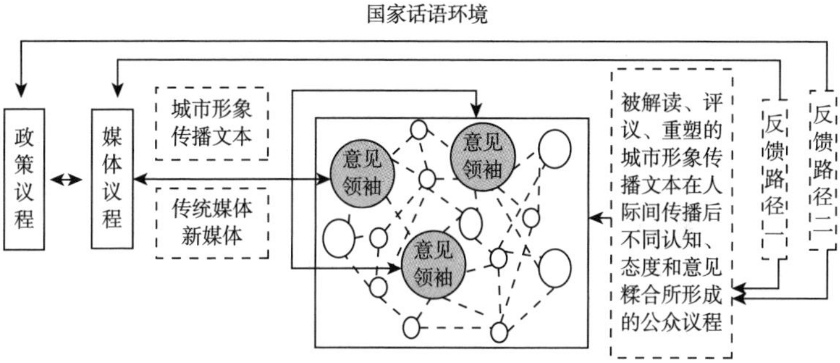

国家话语环境

图 9-3 议程设置理论框架下社交媒体在城市形象传播中的传播模式
资料来源：作者自制。

群体感情的易变、爱与恨的犹疑不定以及它的团结和仇视态度，[①] 群体的轻信、极端与情绪化反应等弱点，显然既为领袖的品质划定了上限，也给他动员自己的信众提供了许多可乘之机。群体的心理过程中并没有多少逻辑成分，在自己熟悉的生活范围之外，并不具备多少经验和合理的批评能力，而这正是一些别有所图的个人或集团赢得群众信任的一个要件。[②] 群体缺乏感情约束以及它"没有中庸与三思而后行的能力"[③]，正如上述对于"心理群体"概念的提出，"心理群体"一旦形成，它就会获得一些暂时的然而又十分明确的普遍特征，自觉的个性消失，以及感情和思想转向一个不同方向，是就要变成组织化群体的人

---

① 〔法〕古斯塔夫·勒庞：《乌合之众：大众心理研究》，冯克利译，中央编译出版社，2014，第5页。

② 〔法〕古斯塔夫·勒庞：《乌合之众：大众心理研究》，冯克利译，中央编译出版社，2014，第20页。

③ 〔法〕古斯塔夫·勒庞：《乌合之众：大众心理研究》，冯克利译，中央编译出版社，2014，第5页。

所表现出的首要特征。但这并不一定总是需要这些人同时出现在一个地点。① 有时，在某种狂暴的感情的影响下，成千上万孤立的个人也会获得一个心理群体的特征。在这种情况下，一个偶然事件就足以使他们闻风而动并聚集在一起，从而立刻获得群体行为特有的属性。② 而社交媒体也恰恰给群体意见的形成提供了更为便利的共时性和即时性的平台和途径。

不同意见群体的认知、态度和意见糅合后所形成的公众议程，实际上就是一种文化认同的过程，在这个过程中，群体成员通过意见的共享而形成群体认知和刻板化的态度、信念、价值、情感反应、行为规范等，这对于形成何种类型以及产生何种现实影响的城市形象有时甚至起到决定性的作用。

勒庞在1895年出版的《乌合之众：大众心理研究》中先知先觉般地写道："我们就要进入的时代，千真万确将会是一个群体的时代。"他所谓群众进入了历史，是指他们过去几乎不起任何作用的意见现在开始发挥作用。他把群众描述为日益被大众文化所湮没，而这种文化把平庸低俗当作最有价值的东西。与过去相比，勒庞认为群众更易于接受自己周围人的判断和爱好，即所谓当代人正在失去自我判断能力。③ 社会学家帕克和伯吉斯承认，勒庞预见到了我们这个群体运动的时代。他认识到群体的日益重要性，这是一群缺乏组织的人，他们关注

---

① 〔法〕古斯塔夫·勒庞：《乌合之众：大众心理研究》，冯克利译，中央编译出版社，2014，第5页。

② 〔法〕古斯塔夫·勒庞：《乌合之众：大众心理研究》，冯克利译，中央编译出版社，2014，第5页。

③ 〔法〕古斯塔夫·勒庞：《乌合之众：大众心理研究》，冯克利译，中央编译出版社，2014，第25页。

着同样的社会热点，在一定程度上表现出与同处一地、有组织的群体一样的心理行为。他注意到了报纸记者们对群众意见的影响，他们先是迎合群众的感情，然后把这些感情引入特定的行为渠道。① 这也提示我们，在城市形象传播中，特别是在对与城市形象传播相关的突发性话语事件引导过程中，对意见领袖及群体意见的产生和引导理应在传播的过程中被关注。

4. 搜索引擎在城市形象传播中的信息扩散模式——预设议程下的网络信息整合传播

从上述传播概况的分析中不难看出，搜索引擎提供的海量信息实现了对城市形象网络信息的整合与传播，搜索引擎不仅可以提供多样化的信息推广产品，例如竞价排名、固定排名、品牌专区等来协助推进城市形象传播；同时，数量巨大的不可控信息也占据着十分重要的位置，并成为媒体议程、个人议程和公众议程的信息来源（见图9-4）。

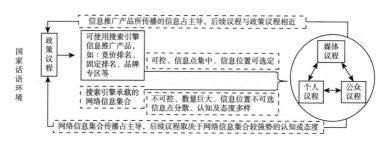

图9-4　议程设置理论框架下搜索引擎在城市形象传播中的传播模式
资料来源：作者自制。

---

① 〔法〕古斯塔夫·勒庞：《乌合之众：大众心理研究》，冯克利译，中央编译出版社，2014，第26页。

当个人议程、公众议程和媒体议程的信息主要来源于搜索引擎平台中可控的、信息点集中的主导性信息，形成的议程与预设的政策议程更为接近。若个人议程、公众议程和媒体议程的信息较多地来源于搜索引擎平台上承载的其他网络信息，由于认知态度的多样性以及数量巨大且不可控等因素，将引导后续议程更偏向于网络信息集合中较为强势的认知或态度，而与预设的政策议程产生一定偏差。

特别是当话语事件发生时，搜索引擎短时间内承载庞杂的信息在认知深浅、态度、情绪和评价方法上存在较大差异，这不仅给个人判断造成极大的困惑，而且会对公众议程和媒体议程发挥强有力的影响作用，往往会对预设的政策议程产生消极负面的冲击。

5. 网络视听媒体在城市形象传播中的信息扩散模式——传播平台间的多媒体文本转移

交互性、互动性是人们论及以网络技术为基础的新媒体时惯常使用的词语，丹麦学者克劳斯·布鲁恩·延森认为，"互动性"这一观念"源自人类之间相互作用的社会学概念"，它"包含着面对面的互动"，同时也包括了"不同社会结构层面上的间接联系"[①]。他在其《媒介融合：网络传播、大众传播和人际传播的三重维度》一书中对这种交互性以及互动关系进行了

---

① 〔丹麦〕克劳斯·布鲁恩·延森（Klaus Bruhn Jensen）：《媒介融合：网络传播、大众传播和人际传播的三重维度》，刘君译，复旦大学出版社，2012，第 57 页。

阐释（见图9-5），① 提出了三种交互关系：第一种交互性，"是计算机科学家以及普通计算机用户缩成的交互性"，例如"点击网络链接""在聊天服务中心输入信息"，或者"在计算机游戏中向'敌人射击'"，这是一种与大众传播媒介在交互性上的区别，从有限的交互转换成为较为便利的交互形式；第二种交互性，指的是"媒介与社会结构中其他机构的关系"，从理论以及传播类型的视野出发，媒介扮演了能与"权力"对抗的"第四种权力"（Four Estate），"不同的社会系统与其他所有的世界系统都有可能得以表达"；第三种交互性，涉及"社会结构"与其"成

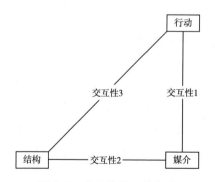

图9-5 交互性的三种类型

资料来源：〔丹麦〕克劳斯·布鲁恩·延森（Klaus Bruhn Jensen）：《媒介融合：网络传播、大众传播和人际传播的三重维度》，刘君译，复旦大学出版社，2012。

---

① 〔丹麦〕克劳斯·布鲁恩·延森（Klaus Bruhn Jensen）：《媒介融合：网络传播、大众传播和人际传播的三重维度》，刘君译，复旦大学出版社，2012，第58页。

员"和"利益"之间的关系，它包括"市民个体""国家政治机构""国际合作组织"，"不计其数的个体"构成了"社会"，他们展开"跨越时空的交流与传播"，这种传播"赋予这一过程以目标和意义"，并使得"单一行为融入更大规模的整体行动之中"。①

事实上，上述三种类型的交互性层层递进，每一个更高层级的交互性又必然地依存于前一层级。在以视频网站为代表的网络视听媒体对城市形象进行传播的过程中，上述三种类型的交互性也颇具分析的指导性。从目前的城市形象传播实践来看，利用网络视听媒体的交互性还仅停留在第一种交互性的层面，甚至尚未能完全利用现有的计算机科技水平在第一种交互性方面所能达成的所有交互功能，例如，评论、转发、点赞、弹幕等多种形式在各大网络热播剧的传播过程中被充分利用的同时，城市形象传播文本仅仅只是摆放在视频网站中的某个位置，显得过于贫乏和单调了。而我们真正应该预设到的通过网络视听媒体实现的城市形象传播，理应在第二种交互性和第三种交互性层面更进一步，真正实现在媒介平台上各个社会关系的互动，并促成生动的、具有活力和生命力的城市形象传播以及城市建设的长足发展。

就目前的传播实践来看，应首先建立与个体用户之间的传播联系，借用个体用户社交媒体为链条的传播窗口，促进多个传播平台间的城市形象传播文本的转移，而个人用户以及个人用户在

---

① 〔丹麦〕克劳斯·布鲁恩·延森（Klaus Bruhn Jensen）：《媒介融合：网络传播、大众传播和人际传播的三重维度》，刘君译，复旦大学出版社，2012，第59页。

社交媒体中的信息分享，忠实于传播内容，一旦传播内容不符合个人用户的需求和喜好，便被排除在其社交媒体和传播链条之外。因此，只是创作一些同质化的信息内容并以传统的传播思维将其放置在平台中的某个位置，并不能吸引受众的注意，从内容选择上激发互动欲望，从传播形式上增强互动体验，通过多个平台、多个终端的联合传播是提升传播效力的重要手段。

受到国家话语环境影响下的城市形象传播的多媒体文本在视频网站发布后，有可能会被其他媒体所关注，从而形成媒体议程，并对公众议程和个人议程产生影响；传播的文本也可能被数量众多的用户所关注，从而形成公众议程，并影响媒体议程和个人议程；也可能通过个人用户的转发、@等形式形成信息流，当通过个人即时通信媒体传播的信息流达到一定规模时，便形成了公众议程，也与媒体议程产生相互影响（见图9-6）。此议程的形成需要通过多媒体文本的传播与再传播不断制造"话题"和"热议"，才能扩张其传播的范围和影响，最终达成传播的目的。

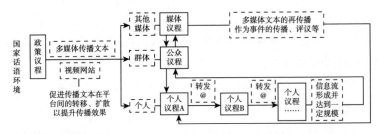

图9-6　议程设置理论框架下网络视听媒体在城市形象传播中的传播模式
资料来源：作者自制。

（三）城市形象传播的路径选择策略

1. 城市形象传播路径选择的基本原则

（1）重视数据积累。

一是数据积累权属。"构成未来媒体竞争力的核心是数据。通过对那些动态的包括结构化和非结构化的数据进行统计分析，可以揭示用户行为习惯及情感需求的轨迹，获得准确度较高的用户兴趣倾向、个性化需求以及新业务发展趋势等重要信息。"不管是内容制作还是营销送达，这些都是必不可少的一手信息和资源。对于转型中的传统媒体而言，核心数据库的建设更是摆脱传统的生产方式和经营理念的一条捷径。

（2）重视城市产品的开发和优化。

对城市形象传播而言，真正的核心活动，应该有赖于城市自身的复合能力、创新能力以及跨界组织能力。开发怎样的城市产品，怎样才算是好的城市产品，如何优化产品，怎样开发出好的城市产品，包括城市产品规划目标、标准评估、导向与机制，都是影响媒体成败的核心内容。城市要以平等、共享的姿态去倾听不同用户的需求，重视用户体验；同时也要以学习的姿态，在合作中找到自身的特点和适合的发展路径，使城市形象建构的步态更加稳健。

（3）重视关系的建立与维系，建立跨媒体沟通体系。

新媒体环境下的城市形象传播并不意味着对传统媒体的抛弃，事实上，实现线上到线下的联通（O2O，Online to Off-line）至关重要。有学者提出移动互联网时代企业传播的4C法则，即企业在适合的场景（context）下，针对特定的社群

（community），通过有传播力的内容（content）或话题，结合社群的网络结构进行人与人的连接（connection）以快速实现信息的扩散与传播，最终获得有效的商业传播及价值。① 若把城市当作产品来传播，这样的4C法则也同样适用，城市形象同样需要目标人群的"评价"和"拥护"，以达成预设的传播目标。

2. 城市形象传播路径选择的策略模式

从传播效果的实现角度来看，首先应改变由政府独挑大梁的观念和模式，转变为以政府、媒体、企事业单位、居民公众等多元传播主体共同参与的传播活动模式，不断丰富城市形象传播的视角与内容，促成城市形象传播的常态化。

其次，城市形象传播路径选择应顺应现今传播环境的变化与未来发展趋势，实现跨媒体沟通。通过不同媒介建立针对目标人群不同状况、特定需求的信息，向目标人群传递最适合的核心信息，引导其发生行为变化，提高传播效力。

针对上述调研分析的结果，结合目标人群的接触状况和习惯偏好，本研究拟订了城市形象传播路径选择的跨媒体沟通策略模式（见图9-7），以激发多元传播主体在城市形象传播中发挥作用。

针对大多数公众均是无意中接触到城市形象传播的现状，增强环境布置型投放，通过户外媒介、交通媒体、广播媒体（特别是车载广播）、互联网特别是移动互联网的各类App（新闻类、社交类、娱乐类、游戏类、天气类、旅游类等）实现多

---

① 唐兴通：《引爆社群：移动互联网时代的新4C法则》，机械工业出版社，2015。

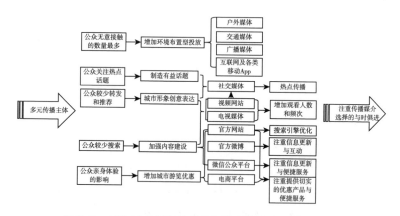

图 9-7　城市形象传播路径选择的跨媒体沟通策略模式
资料来源：作者自制。

渠道、多屏投放，结合各类媒体的传播特点形成各具特色的创意、设计内容和作品，关注体验型媒体的有效运用，营造出城市形象信息接触、体验和易于接受的氛围。

　　针对公众关注热点话题的特征，加强对有益话题的制造；针对公众较少转发和推荐的问题，增强城市形象的创意性表达；这二者均可促进城市形象传播在社交媒体中形成热点传播，拓展城市形象传播的广度。

　　针对公众较少搜索的问题，在重视和增强对城市形象传播内容建设的基础上，官方网站应注重搜索引擎优化、购买核心关键词，保证官方网站出现在搜索引擎页面的首位，避免让其他干扰网站占据搜索页码的优质位置；官方微博应注重信息的更新频率，避免只有账号没有更新的状态，塑造官方微博独具特色的个性风格，利用适应网络氛围的表达方式增强与公众的互动；微信公众平台在延续官方微博传播功能的基础上，增加和完善微信的公众服务功能，利用社交媒体影响力、广泛度和在线服务的便捷性增强与公众的黏性；公众较多偏向于通过视频内容接受城市形象传播的内容，具有创意的城市形象视频内容更易于在电视媒体和视频网站上传播，且视频网站的城市形象创意视频往往还能通过社交媒体形成广泛的二次传播，产生新的传播热点。

公众在城市中的亲身体验能加深对城市的认知和理解，因此应通过提供游览优惠增加公众亲历城市游览的机会，通过官方网站、官方微博、微信公众平台、电商平台等发布优惠信息，提供切实的优惠产品与在线便捷服务。

现今传播环境中不断涌现出的新传播媒介和传播方式，例如近期有企业和产品在"抖音"上发布各类短视频用以增加与用户之间的互动，城市形象传播也应与企业和产品传播同样对媒介环境的变化保持高度的敏感，不断尝试、组合、更新自身的传播方式和媒介选择，保证城市形象传播的与时俱进。

参考文献

1. 中国统计局：《第 39 次中国互联网络发展状况统计报告》。

2. 钟智锦、林淑金、刘学燕、杨雅琴：《集体记忆中的新媒体事件（2002~2014）：情绪分析的视角》，《传播与社会学刊》2017 年第 40 期。

3. 于佳：《城市形象视觉符号设计中美学规律的应用》，《吉林广播电视大学学报》2017 年第 2 期。

4. 薛铁：《美日韩报纸上的鞍山形象与城市对外传播》，《中国冶金教育》2017 年第 1 期。

5. 罗婷婷：《从信息整合及传播途径看〈寻味顺德〉的传播优势》，《新媒体研究》2017 年第 2 期。

6. 吴浚：《新媒体语境下城市宣传片的困境与突围》，《新闻战线》2017 年第 1 期。

7. 姚永明：《论城市微电影与盐城城市形象建构与传播——以〈盐城之恋〉为例》，《今传媒》2017 年第 2 期。

8. 杜欣：《VR 技术给城市品牌传播提供的新视角》，《青年记者》2017 年第 2 期。

9. 王燕星：《城市形象网络传播路径建构与策略研究——以福建省福州市为例》，《绵阳师范学院学报》2017 第 1 期。

10. 瞿新忠、丁晶晶：《城市形象微电影的创作和传播》，《艺术科技》2017 年第 1 期。

11. 康帆、陈莹燕、龙燕：《大数据时代基于城市意象方法的武汉城市旅游形象定位与新媒体传播研究》《美与时代》（城市版）2017 年第 1 期。

12. "主题娱乐协会"（TEA）与 AECOM 经济咨询团队：《2016 主题公园报告和博物馆报告》。

13. 喻国明、曲欣悦、罗鑫：《试析传统媒体与新媒体的合作模式与操作要点》，《中国地质大学学报》（社会科学版）2016 年第 7 期。

14. 陈霖：《城市认同叙事的展演空间——以苏州博物馆新馆为例》，《新闻与传播研究》2016 年第 8 期。

15. 金韶、倪宁：《"社群经济"的传播特征和商业模式》，《现代传播》（中国传媒大学学报）2016 年第 4 期。

16. 喻国明、胡杨涓：《外媒话语构造中北京形象的传播规模（上）》，《对外传播》2016 年第 10 期。

17. 喻国明、胡杨涓：《外媒话语构造中北京形象的传播规模（下）》，《对外传播》2016 年第 11 期。

18. 潘忠党：《城市传播研究的探索——"青年的数字生活与都市文化"专题研究的导言》，《新闻与传播研究》2016 年第 8 期。

19. 陶贤都：《城市即传播：多维视角下移动城市的传播研

究》，《传播与版权》2016 年第 11 期。

20. 刘政序：《融媒时代城市文化传播的现状与创新》，《青年记者》2016 年。

21. 董天策：《从网络集群行为到网络集体行为——网络群体性事件及相关研究的学理反思》，《新闻与传播研究》2016 年第 2 期。

22. 李韶驰、程文丽：《基于扎根理论的澳门城市形象定位研究》，《中共珠海市委党校珠海市行政学院学报》2016 年第 4 期。

23. 吴小冰：《厦门自贸区形象定位建构探析》，《厦门广播电视大学学报》2016 年第 4 期。

24. 刘亚秋：《县域旅游品牌的定位策略研究——以沂南县为例》，《商场现代化》2016 年第 27 期。

25. 刘孟达：《新媒体环境下城市形象片的创意与传播》，《当代电视》2016 年第 7 期。

26. 刘晓丽：《浅论城市形象海报设计中的图形表现》，《美术教育研究》2016 年第 9 期。

27. 刘亚非：《城市形象宣传海报的创意与表现》，《新闻战线》2016 年第 14 期。

28. 孟翀、张峥：《微电影中城市形象植入与传播策略研究》，《当代电视》2016 年第 11 期。

29. 孟茹、潘丹：《基于新媒体的城市形象整合营销传播研究——以"2015 杭州大使环球行"项目推广为例》，《浙江理工大学学报》（社会科学版）2016 年第 5 期。

30. 唐兴通：《引爆社群：移动互联网时代的新 4C 法则》，

机械工业出版社，2015。

31. 许越：《社会化媒体环境下饮食文化的营销传播策略研究》，暨南大学硕士论文，2015 年。

32. Franklin A. *Tourism*：*An Introduction*. London：Sage，2004：38-62. 引自钟士恩、张捷、李莉、钟静《中国主题公园发展的回顾、评价与展望》，《旅游学刊》第 30 卷，2015 年第 8 期。

33. 吴青熹、陈云松：《我国城市国际关注度的总体结构与特征——基于互联网搜索引擎和社交媒体的大数据分析》，《南京大学学报》（哲学·人文科学·社会科学）2015 年第 5 期。

34. 郭小霞：《自媒体时代城市形象的创意传播》，《青年记者》2015 年第 8 期。

35. 金定海：《中国城市观：中国城市形象传播策略研究》，上海三联出版社，2015。

36. 复旦大学信息与传播研究中心课题组：《可沟通城市指标体系建构：基于上海的研究（上）》，《新闻与传播研究》2015 年第 7 期。

37. 刘丹：《大众传媒对城市形象的传播与意义再现——基于空间演进的视角》，《浙江传媒学院学报》2015 年第 5 期。

38. 李明：《社交媒体视阈下的城市传播研究》，《中国出版》2015 年第 13 期。

39. 〔法〕古斯塔夫·勒庞：《乌合之众：大众心理研究》，冯克利译，中央编译出版社，2014。

40. 吴敬：《浅述色彩在城市形象中的审美表现》，《科技展望》2014 年第 20 期。

41. 晏青：《仪式化生存：中国传统文化的传播面向与表征模式》，《福建大学学报》（哲学社会科学版）2014 年第 2 期。

42. 〔荷〕简·梵·迪克：《网络社会——新媒体的社会层面》，蔡静译，清华大学出版社，2014。

43. 吴予敏：《从媒介化都市生存到"可沟通的城市"——关于城市传播研究及其公共性问题的思考》，《新闻与传播研究》2014 年第 3 期。

44. 张海欣：《城市形象宣传片的创意与传播探究——以河南部分城市形象片为例》，《新闻知识》2014 年第 5 期。

45. 〔奥〕斯科特·麦奎尔：《媒体城市：媒体、建筑与都市空间》，邵文实译，江苏教育出版社，2013。

46. 王玉玮：《南方传媒蓝皮书：传媒与城市形象传播》，暨南大学出版社，2013。

47. 苏永华：《城市形象传播理论与实践》，浙江大学出版社，2013。

48. 徐雄辉：《传播城市：城市形象对外宣传策略》，宁波出版社，2013。

49. 孙玮：《"上海再造"：传播视野中的中国城市研究》，《杭州师范大学学报》（社会科学版）2013 年第 2 期。

50. 尹帅平：《城市传播与社会文明建构：问题、路径与动向》，《东南传播》2013 年第 12 期。

51. 周凯、孔阳新照：《电影：城市形象营销传播的另类渠道解构》，《现代传播》2013 年第 3 期。

52. 聂艳梅：《美国城市形象片的创意发展趋势研究——以纽约、洛杉矶、芝加哥、华盛顿和旧金山为例》，《广告大观》

（理论版）2013 年第 6 期。

53. 〔加〕马修·弗雷泽、〔印〕苏米特拉·杜塔:《社交网络改变世界》,谈冠华、郭小花译,中国人民大学出版社,2013。

54. 〔英〕维克托·迈尔-舍恩伯格、肯尼思·库克耶:《大数据时代:生活、工作与思维的大变革》,盛杨燕、周涛译,浙江人民出版社,2013,第 84 页。

55. 〔日〕电通跨媒体沟通开发项目组:《打破界限——电通跨媒体沟通策划 Cross Switch（克洛思维奇）》,苏友友译,中信出版社,2012,第 36 页。

56. 〔丹麦〕克劳斯·布鲁恩·延森（Klaus Bruhn Jensen）:《媒介融合:网络传播、大众传播和人际传播的三重维度》,刘君译,复旦大学出版社,2012。

57. 朱威:《城市典故在城市形象标志设计中的表现》《上海工艺美术》2012 年第 3 期。

58. 李红、董天策:《符号学视域下的网络公关事件及其主体分析》,《现代传播》2012 年第 9 期。

59. 孙玮:《作为媒介的城市:传播意义再阐释》,《新闻大学》2012 年第 2 期。

60. 陈辉楠:《传统媒体在世博报道中对新媒体的运用》,《复旦大学》2012 年。

61. 〔奥〕迈克尔·A·豪格、〔英〕多米尼克·阿布拉姆斯:《社会认同过程》,高明华译,中国人民大学出版社,2011。

62. 喻国明:《微博:一种新传播形态的考察——影响力模型和社会性应用》,中国人民大学出版社,2011。

63. 曾庆香：《话语事件：话语表征及其社会巫术的争夺》，《新闻与传播研究》2011 年第 1 期。

64. 郑晓明：《颠覆与超越：中小城市形象建设的创意思维解析》，《河北科技师范学院学报》（社会科学版）2011 年第 3 期。

65. 史安斌：《国家形象构建与媒介事件营销》，《国际公关》2011 年第 2 期。

66. 徐翔：《在线仪式：传统文化的网络新构建》，《国际新闻界》2011 年第 4 期。

67. 尹韵公主编《中国新媒体发展报告（2011）》，社会科学文献出版社，2011。

68. 田智辉：《新媒体环境下的国际传播》，中国传媒大学出版社，2010。

69. 陈力丹、王晶：《节日仪式传播：并非一个共享神话：基于广西仫佬族依饭节的民族志研究》，《中国地质大学学报》（哲学社会科学版）2010 年第 4 期。

70. 〔美〕谢尔·以色列：《微博力》，任文科译，中国人民大学出版社，2010。

71. 陆地、高菲：《新媒体的强制性传播研究》，人民出版社，2010。

72. 梁井宇：《城市，建筑作为大众传播》，原文载于《赤子》2009 年第 4 期，原标题为《建筑，成为城市的广告传播》。

73. 〔美〕丹尼尔·戴扬、邱林川、陈韬文：《媒介事件概念的演变》，《传播与社会学刊》2009 年第 9 期。

74. 邱林川、陈韬文：《迈向新媒体事件研究》，《传播与社会学刊》2009年总第9期。

75. 邱林川、陈韬文、矛知非：《传播科技与新媒体事件》，《传播与社会学刊》2009年第9期。

76. DCCI：《2008年上半年中国互联网调查》。

77. 〔美〕菲利普·科特勒等：《地方营销》，翁瑾、张惠俊译，上海财经大学出版社，2008。

78. 卫东风：《城市历史形象的复原与表现——中国近代第一城博物馆陈展创作解析》《艺术探索》2008年第5期。

79. 〔美〕曼纽尔·卡斯特：《信息时代的城市文化》，载汪民安、陈永国、马海良《城市文化读本》，北京大学出版社，2008。

80. 张国良：《全球化背景下的新媒体传播》，上海人民出版社，2008。

81. 〔美〕詹姆斯·凯瑞：《作为文化的传播》，丁未译，华夏出版社，2005。

82. 任龙飞：《北京奥运会传播的新媒体研究》，《艺术传媒》2008年第12期。

83. 朱媛媛：《媒介事件及其仪式化和景观化——关涉多元媒介事件延展机制的分析》，西北大学硕士学位论文，2007。

84. 虞继光：《奥林匹克传播论》，巴蜀书社，2007。

85. 刘自雄：《解析"媒介事件"的内涵》，《辽东学院学报》2005年第7期。

86. 莫伟民：《福柯的话语历史观及其与萨特的歧异》，《复旦学报》（社会科学版）2004年第4期。

87. 〔日〕佐藤卓己：《现代传媒史》，诸葛蔚东译，北京大学出版社，2004。

88.〔英〕霍布斯鲍姆·兰格：《传统的发明》，顾杭、庞冠群译，译林出版社，2004。

89. 刘慧：《新媒体环境下南京城市形象的媒介传播策略》，《今传媒》2002 年。

90.〔西班牙〕曼纽尔·卡斯特：《网络社会的崛起》，夏铸九、王志弘等译，社会科学文献出版社，2001。

91.〔法〕米歇尔·福柯：《知识考古学》，谢强、马月译，三联出版社，1998。

92. 熊茵、胡沈明：《北京奥运会新媒体传播的特点》，http：//media. people. com. cn ∕ GB ∕ 40606 ∕7492037. Html。

93. Kim，Yong-Chan；Shin，Eui-Kyung. *Localized Use of Information and Communication Technologies in Seoul's Urban Neighborhoods*. American Behavioral Scientist. Jan2016，Vol. 60.

94. Sanders，Karen；Jose Canel，Maria. *Mind the gap：Local government communication strategies and Spanish citizens' perceptions of their cities*. Public Relations Review. Dec 2015，vol. 41.

95. Arribas-Bel，Daniel；Kourtit，Karima；Nijkamp，Peter；*Cyber Cities：Social Media as a Tool for Understanding Cities*. APPLIED SPATIAL ANALYSIS AND POLICY. vol 8 issue 3，SEP 2015.

96. Zhou，Lijun；Wang，Tao. *Social media：A new vehicle for city marketing in China*. CITIES，vol 37，APR 2014.

97. Sułkowski，Łukasz；Kaczorowska-Spychalska，Dominika.

Communication of Polish cities in social media. KOMUNIKACJA POLSKICH MIAST W MEDIACH SPOŁECZNOŚCIOWYCH. Oct2014, Vol. 13 Issue 4.

98. David Meerman Scott. *The New Rules of Marketing & PR: How to Use Social Media, Online Video, Mobile Applications, Blogs, News Releases, and Viral Marketing to Reach Buyers Directly.* Wiley. 2013.

99. Simone Tosoni, Matteo Tarantino, Chiara Giaccardi. *Media and the City: Urbanism, Technology and Communication.* Cambridge Scholars Publishing; 1st Unabridged. 2013.

100. Richard Junger. *Becoming the second city: Chicago's mass news media,* 1833 – 1898 [M]. Urbana: University of Illinois Press, 2010.

101. Mila Gasco-Hernandez, Teresa Torres-Coronas. *Information Communication Technologies and City Marketing: Digital Opportunities for Cities Around the World.* Information Science Reference. 2009.

102. Eli Avraham, Eran Ketter. *Media Strategies for Marketing Places in Crisis: Improving the Image of Cities, Countries and Tourist Destinations.* Journal of Communication. Dec2009, Vol. 59.

103. Scott McQuire. *The media city: media, architecture and urban space.* University of Melbourne. SAGE Publications Ltd. 2008.

104. Ioannides, Yannis M.; Overman, Henry G. etc. *The Effect of Information and Communication Technologies on Urban Structure.* Economic Policy, April 2008, Issue. 54.

105. Roger Silverstone, *The Medium Is the Museum: On*

Objects and Logics in Times and Spaces, from Museums and the Public Understanding of Science, Edited by John Durant, Published by NMSI Trading Ltd, Science Museum 1992, pp. 34-42.

106. Mark S. Granovetter, *The Strength of Weak Ties*, The American Journal of Sociology, Vol. 78, No. 6. (May, 1973), pp. 1360-1380.

附录　调查问卷

新媒体环境下的北京城市形象传播调查

您好，为了了解在新媒体环境下，北京城市形象传播的现状及未来需求，本次调查采取不记名的方式，您的宝贵意见和反馈将有助于我们对此课题的研究，敬请畅所欲言。非常感谢您的大力支持！

一、基本信息

1. 您的性别是

　a 男　b 女

2. 您的年龄是

　a 18 岁以下　b 18~25 岁　c 25~35 岁　d 35~45 岁

　e 45~55 岁　f 55 岁以上

3. 受教育程度

　a 初中及以下　b 高中　c 专科　d 大学本科　e 硕士

　d 博士及以上

4. 月收入

　a 2000 元以下　b 2000~5000 元　c 5000~10000 元

　d 10000~30000 元　e 30000 元以上

5. 您是否现居北京

    a 是 b 否

6. 您的户口所在地为

    a 一线城市 b 二线城市 c 三线城市 d 县 e 乡 f 村

二、北京城市形象传播调查

1. 您是否到过北京

    a 是 b 否

2. 您是否接触过北京城市形象传播的有关信息

    a 是 b 否

3. 您接触的北京城市形象传播的信息为何种主题

    a 旅游宣传 b 城市建设 c 文体娱乐 d 政策建设

    e 招商引资 f 城市环境保护 g 其他

4. 您接触该类北京城市形象传播信息内容的原因是

    a 亲朋转发或推荐 b 主动搜索 c 该话题为热点话题

    d 无意中接触到 e 其他

5. 您通过何种媒体接触的北京城市形象传播信息（多选）

    a 电视媒体 b 广播媒体 c 报纸媒体 d 杂志媒体

    e 户外媒体 f 公交车身、地铁等交通媒体

    g 即时通信媒体（QQ、微信聊天等）

    h SNS 社交媒体（微博、人人、微信朋友圈等）

    i 搜索引擎（百度、google 等）

    j 视频网站（优酷、爱奇艺等）

    k 新闻网站

    l 网络社区跟帖（知乎、豆瓣、天涯、猫扑等）   m 其他

6. 您接触的信息为哪种类型（多选）

　　　　a 文字（新闻、标语）　　b 图片（海报、贴片）

　　　　c 视频（宣传片、广告片）

　　　　d 新技术（例如里约二维码互动）

　　　　e 其他_____

7. 您对这些信息的评价打分为

　　　　a 5 分（非常好）　　b 4 分（比较好）　　c 3 分（一般）

　　　　d 2 分（比较差）　　e 1 分（非常差）

8. 您觉得好的原因是

　　　　a 内容丰富　b 形式生动　c 富有创意　d 符合实际

　　　　e 符合个人信息需求　f 其他_____

9. 您觉得差的原因是

　　　　a 内容枯燥无味　b 形式乏味　c 缺乏创意

　　　　d 脱离实际　e 与个人信息需求无关　f 其他_____

10. 您是否向他人传播过该类信息

　　　　a 是　 b 否

11. 您为什么选择不传播？

　　　　a 内容枯燥无味　b 形式乏味　c 缺乏创意　d 脱离实际

　　　　e 与我无关　f 无处分享

12. 您传播的渠道为

　　　　a 即时通信媒体（QQ、微信聊天等）

　　　　b SNS 社交媒体（微博、人人、微信朋友圈等）

　　　　c 搜索引擎（百度知道、google 等）

　　　　d 视频网站（优酷弹幕、B 站弹幕等）

　　　　e 网络社区跟帖（知乎、豆瓣、天涯、猫扑等）

　　　　f 其他_____

13. 您每次向多少人传播此类信息

    a 1~15 人　 b 15~150 人　 c 150~1000 人

    d 1000~10000 人　 e 10000~100000 人　 f 100000 人以上

14. 您向他人传播的原因是

    a 普及知识　 b 新奇有趣　 c 分享见解　 d 交际互动

    e 他人需求　 f 获取利益　 g 没想太多

15. 您认为您对北京了解程度自我打分为

    a 5分（非常了解）　　 b 4分（比较了解）

    c 3分（一般了解）　　 d 2分（不太了解）

    e 1分（完全不了解）

16. 您对北京的总体感觉打分为

    a 5分（非常好）　　 b 4分（比较好）　　 c 3分（一般）

    d 2分（比较差）　　 e 1分（非常差）

17. 您认为北京城市形象传播的内容与您心目中的北京的匹配程度打分为

    a 5分（十分一致）　　 b 4分（比较一致）

    c 3分（一般）　　 d 2分（比较不一致）

    e 1分（很不一致）

18. 您认为不一致的方面主要在

    a 文化建设　 b 经济建设　 c 城市环境　 d 招商引资条件

    e 旅游环境　 f 城市建设　 g 其他

19. 请将您对北京城市形象的印象进行排序

    a 现代化都市　 b 文化中心　 c 旅游名城　 d 经济中心

    e 雾霾之都　 f 其他_____

感谢您的配合！

图书在版编目（CIP）数据

北京城市形象传播：新媒体环境下的路径选择研究／
谭宇菲著. -- 北京：社会科学文献出版社，2019.9
ISBN 978 - 7 - 5201 - 3796 - 6

Ⅰ.①北…　Ⅱ.①谭…　Ⅲ.①城市-形象-传播-研
究-北京　Ⅳ.①F299.271

中国版本图书馆 CIP 数据核字（2018）第 256600 号

北京城市形象传播：新媒体环境下的路径选择研究

著　　者／谭宇菲

出 版 人／谢寿光
责任编辑／张苏琴

出　　版／社会科学文献出版社·当代世界出版分社（010）59367004
　　　　　　地址：北京市北三环中路甲 29 号院华龙大厦　邮编：100029
　　　　　　网址：www.ssap.com.cn
发　　行／市场营销中心（010）59367081　59367083
印　　装／三河市东方印刷有限公司

规　　格／开　本：880mm×1230mm　1/32
　　　　　　印　张：10.5　字　数：234 千字
版　　次／2019 年 9 月第 1 版　2019 年 9 月第 1 次印刷
书　　号／ISBN 978 - 7 - 5201 - 3796 - 6
定　　价／98.00 元

本书如有印装质量问题，请与读者服务中心（010-59367028）联系